Palabras al lector

Hola, mi nombre es Carlos, no soy escritor ni tengo la menor idea de cómo se escribe o publica un libro. Tampoco busco ni la fama ni la figuración, solamente trato de dar a conocer a todo el mundo la historia de mi vida, deseando ayudar a las personas que sufren y que buscan un estímulo en su lucha por vivir.

En este relato fidedigno podrás encontrar una orientación en la cual poder confiar y así concluir con tus frustraciones, limitaciones y angustias.

He puesto en este libro toda mi pasión, dedicación y entusiasmo para entregarte mi testimonio de vida, esperando te motive y llene de fuerza para encarar la adversidad. Aquí encontrarás una lucha sin cuartel, buscando romper todo límite u obstáculo en tu propósito de alcanzar tus objetivos tanto en el plano personal como profesional, así como en el emocional y espiritual. En mis palabras hay un gran derroche de fe y entusiasmo.

Mi deseo es que la luz y el brillo destierre la oscuridad en tu vida.

Gracias por aceptar este libro que de alguna manera minimizará tus tristezas y dolencias.

Gracias también a mis queridos amigos y familiares en todo el mundo por sus oraciones e incondicional apoyo, razón por la cual aún sigo vivo.

Carlos Patiño Effio

Datos Biográficos del Autor

CARLOS PATIÑO EFFIO

Nació el 7 de octubre de 1952 en el distrito del Rímac, ciudad de Lima, Perú.

Trabajó durante más de dieciocho años en el Banco Central Hipotecario del Perú, entre otros cargos importantes se desempeñó como Jefe de Administración de Personal, Jefe de Control Patrimonial, Jefe de Intervenciones Legales, Subsecretario General del Directorio y Supervisor de Sucursales y Agencias.

En el año 1981 asistió como delegado peruano ante el "IX Congreso Internacional de Administración de Personal" (CIAP) en Viña del Mar, Chile.

Durante su trabajo en Lima, en el Banco Central Hipotecario del Perú, en el año 1982 reorganizó el Sistema de los Archivos del Banco en un convenio realizado con el Archivo General de la Nación del Perú.

En el año 1997, residiendo en los Estados Unidos de América, se desempeñó durante seis años como gerente de importantes restaurantes en la ciudad de Miami del estado de Florida.

En el año 2003 llegó al estado de Carolina del Norte, donde reside actualmente y trabaja para Members Credit Union, una institución sin fines de lucro, desde julio del año 2004. Ocupó el cargo de Director de Servicios Latinos desde diciembre del año 2005 hasta septiembre del año 2012. En octubre del mismo año fue promovido a la posición de Vicepresidente de Servicios Latinos.

En el año 2005 fue Director del Centro latino "Acción Hispana" en Winston-Salem, Carolina del Norte.

En el año 2008 participó como miembro del comité de Relaciones Públicas en "The Arts Council" de Winston-Salem.

Fue reconocido como el "Líder Latino del 2011" recibiendo el premio Hanesbrands, Inc. en reconocimiento a su constante labor en apoyo de la noble y esforzada comunidad latina de Winston-Salem / Condado de Forsyth, durante la prestigiosa ceremonia de "Spanish Nite" organizada por la Liga Hispana.

En abril del año 2012 fue reconocido por la Winston Lake Family YMCA por su contribución a la educación financiera de la comunidad latina en el programa "Latino Achievers".

En el desarrollo de su trabajo con Members Credit Union alcanzó los siguientes logros:

• Incrementó en forma sustancial la presencia de socios latinos.

• En el año 2008 presentó el proyecto para la creación de la sucursal de Kernersville, la primera sucursal en español de Members Credit Union, que fue aprobada e inaugurada ese mismo año.

• En el año 2010 creó el "Museo Latino", el primer museo latino establecido en una oficina, recolectando más de 400 objetos valiosos de todos los países latinoamericanos, el cual fue inaugurado el 5 de mayo del mismo año. Este proyecto fue decididamente apoyado por todos sus amigos, dentro de los cuales están los socios. En junio del año 2011 fue distinguido por esta destacada labor en la primera página del importante diario local "Winston-Salem Journal".

Carlos constantemente aparece en entrevistas en reconocidos diarios de circulación local y de otros estados, así como radios locales y canales educativos de TV de Winston-Salem. También ha sido entrevistado en diversos medios de comunicación en Lima, Perú.

Carlos es un gran baluarte de la comunidad latina y siempre apoya decididamente a las organizaciones sin fines de lucro a alcanzar sus objetivos dentro de ella.

Carlos Patiño Effio

PASIÓN POR LA VIDA…
Un mensaje a la voluntad

Prólogo de
Martín Balarezo García

Impreso por
CreateSpace
Miembro del grupo Amazon

Editado por
Martín Balarezo García
martinbalarezogarcia@live.com

Diseño de la Cubierta por
César Herbas
cesarherbas@live.com

CreateSpace

PASIÓN POR LA VIDA…
Un mensaje a la voluntad

Copia Registrada © 2012 por Carlos Patiño Effio
Derechos de Autor Reservados
Primera edición: 7 de octubre de 2012
High Point, North Carolina

Library of Congress Control Number: 2012916861
ISBN: 978-0-615-68397-3

IMPRESO EN LOS ESTADOS UNIDOS DE AMÉRICA

Dedicatoria

A la memoria de Marianella,
mi hija…, "mi gran inspiración".

Agradecimientos

En el hermoso recuerdo de mi querido padre Pedro "Cucho" y mi hermano Pedro el "Nono" quienes ahora viven al lado de Dios.

Saludando el coraje y valentía de mi mamá Vilma, quien no obstante sus largos años discapacitada, sigue fuerte y firme en su lucha por la vida.

A Sebastiana, mi "Nana", por los 60 años dedicados a nuestra familia con mucho amor y desprendimiento.

A mis hermanos Walter y Manuel, por su generoso apoyo en los momentos difíciles.

A mis amados hijos Carlos Alfonso y Juan Carlos, quienes día a día me brindan su amor y comprensión.

Finalmente a mi nieto Nicholas, mi tesoro..., la alegría de mi vida.

El autor

Prólogo

Muchos podrán ser los momentos especiales en la vida, pero pocos son los trascendentales, uno de ellos surgió a principios de este año cuando tuve la gratísima fortuna de conocer a la distancia a Carlos Patiño Effio. Nuestro mutuo y apreciado amigo, Harold Jahnsen, permitió que nos pusiéramos en contacto y abrió mi mundo a esta obra monumental que presento con gran orgullo y satisfacción.

"PASIÓN POR LA VIDA… Un mensaje a la voluntad" es un libro que no sólo encierra palabras intensas y desgarradoras, es un relato colmado de sinceridad y nobles sentimientos, una historia apasionada y esperanzadora, un himno a la vida y la voluntad.

Virginia, 12 de septiembre de 2012

Martín Balarezo García

Índice

INTRODUCCIÓN

Este es un relato de casi veintiocho años de adversidad, de terrible tristeza, sufrimiento y padecimiento. De todos estos años, cinco fueron viendo a mi hija morir poco a poco, presa de una terrible enfermedad, y los últimos quince años significan todo un relato de una intensa, desesperada, permanente y constante lucha por vencer al cáncer, esa horrible enfermedad que en sus diferentes tipos mata millones de personas en todo el mundo. Con ésta son quince veces que aún sigo luchando por salvar mi vida, tratando de sobrevivir a esta terrible, penosa, cruel, difícil y algunas veces incomprendida enfermedad. Mi alegría, mi entusiasmo y sobre todo mi fe en Dios y en mí mismo son mis mejores aliados. Asimismo, mi lucha por abrirme camino, surgir, progresar y ser alguien en la vida constituyen mis más grandes anhelos.

Agradezco a Dios por permitirme vivir y contar mi historia. Espero seguir viviendo para ver cómo este libro va a beneficiar y ayudar a todas las personas que necesitan de un sincero, profundo, directo y certero mensaje a su "VOLUNTAD" para seguir enfrentando sus problemas de una manera completamente diferente.

Este libro va dirigido a todos aquellos que van caminando por la vida, algunos gozando de una buena salud y otros enfermos, ya sea física o espiritualmente. En muchas ocasiones ni la abundancia económica puede recuperar la salud ni mucho menos encontrar tu paz interior. Se necesita más que dinero para salvar una vida y también para vivir en paz y armonía. Se requiere el uso de algo más, algo especial y poderoso, el uso de "NUESTRA PROPIA FUERZA INTERIOR" que el Ser supremo nos ha dado a todos sin excepción. Lo importante es empezar reconociendo que "SÍ SE PUEDE LOGRAR TODO LO QUE UNO DESEA".

En este libro encontrarás una historia de la vida real. Mi intención es que este libro de alguna manera te sirva de guía y orientación para encarar las dolencias del cuerpo y del alma. Asimismo, te hablaré de cómo lucho por establecer una relación de cuerpo, mente y energía, y de cómo enfrento la vida aun cuando a veces siento haber perdido su sentido y las ganas de seguir luchando.

A través de mi historia conocerás cómo enfrentar el miedo, la debilidad, la vergüenza, el odio, el resentimiento y otros impedimentos que son la parte negativa del cuerpo y que pueden conducir al final de la existencia.

También describo la manera de encaminar un desbordante entusiasmo dentro de un cuerpo cansado, muy maltratado pero con muchas ganas de vivir, y cómo enfrentar esta situación con decisión, voluntad y siempre de la mano de una "GRAN SONRISA".

Asimismo, podrás hacer una comparación de ser una persona privilegiada o especial, con muchas ganas y deseos de vivir y luchar por lograr tus más preciados objetivos, no obstante todos tus problemas y dificultades, con otras personas que no aprecian nada todo lo que tienen y sólo se quejan y lamentan todo el tiempo. Esas personas están llenas de "barreras sociales" que los limitan y los encierran en su propia prisión, prisión de la mente y del alma; personas llenas de complejos, creadores de su propia desgracia y desdicha, que muchas veces prefieren consultar con su espejo esperando recibir solamente las respuestas que ellos desean escuchar, sin fijarse en la esplendidez de su "PODEROSA E INCALCULABLE FUERZA DE VOLUNTAD" para superar todos sus problemas.

Aquellos que se sienten menos que los demás y con un gran terror a la vida, son personas incapaces de hacer algo más por ellos mismos; sienten mucha inseguridad y prefieren valerse de una serie de excusas para no intentar nada a fin de evitar equivocarse, pero son los primeros en criticar a los "atrevidos" que sí se equivocan y se equivocan muchas veces en su pretensión y osadía de lograr sus metas. Esos "valientes" son los que aprenden de sus errores y sus caídas en busca de alcanzar sus sueños y se enriquecen con toda esa preciada experiencia que van alcanzando día a día en su recorrido por el camino hacia "EL TRIUNFO".

Esta historia de vida no ha sido escrita para llorar, aunque en muchas de sus páginas hay un profundo y marcado dolor. Aquí hay un extraordinario y sincero mensaje de "FUERZA Y AMOR" hacia lo que tú eres…: "un ser elegido", digno y capaz de hacer lo que desees por ti mismo. Te entrego un derroche de alegría, entusiasmo, voluntad y sobre todo muchas "GANAS DE VIVIR", expresado de una manera directa hacia ti y todos aquellos que quieran aprovecharlo.

Nadie me lo ha contado, no lo he leído, no es parte de otro libro o relato, ni mucho menos un invento para tocar las puertas de tus sentimientos. Yo lo estoy viviendo y sufriendo en carne propia día a día desde hace casi veintiocho años.

Este libro es algo diferente, escrito bajo mi propio estilo, rompe los esquemas de lo tradicional y conservador en la escritura de un libro, busca lo que yo amo "innovar". La época cambió y necesitamos algo diferente donde la gente se encuentre e identifique en sus propios casos y circunstancias, no en modelos falsos o inventados, creados solamente con "fines comerciales". Está encaminado a las personas de todos los niveles sociales, económicos y educacionales con el fin de lograr una mejor y fácil comprensión de lo que aquí se expone. Está dedicado a toda esa gente con ganas de dejar atrás y abandonar para siempre sus problemas de salud y limitaciones sociales, y que desean encontrarse libres de ataduras para lograr superarse y progresar en la vida.

Las barreras sociales son como una pared que no te deja avanzar, que te encierra, te presiona y no deja aflorar y desarrollar "TU TALENTO Y CAPACIDAD". Lo mejor de tu persona queda postergado, rezagado y oculto. No dejes que nada ni nadie te hagan sentir menos. La humildad es una virtud, pero nunca permitas que te humillen, el ser humillado es una agresión moral. Asimismo, la discriminación social es una agresión hacia tus derechos humanos… ¡NO LO PERMITAS! Declárate una persona libre, declárate un ser de igual condición social, con los mismos deberes y derechos que todos los demás. No te falta nada. ¿Acaso no te has fijado en muchas personas discapacitadas esforzándose para llevar una vida normal, compitiendo y luchando contra sus propias limitaciones para alcanzar sus metas? Toma la decisión de ser diferente… ¡DE SER MEJOR CADA DÍA!

Finalmente, si eres una persona de esas que sólo aman herirse y buscan la manera de hacer su vida miserable, clavándose sus propios "cuchillitos" para poder sentir dolor, odio, pesimismo, cobardía, resentimiento y creerse menos que los demás, sin ninguna oportunidad en la vida y hasta lamentando el hecho de haber nacido, encontrando sólo justificaciones de que no se puede, entonces no leas este libro.

Este libro está dedicado a los que quieren elevarse hacia otros niveles y estratos de vida y sobresalir. Aquellos que como el "Ave Fénix", ave de la mitología griega que surgió victoriosa de las llamas, de sus propias cenizas y escombros, se impulsan y surgen sobre sus grandes problemas, angustias, dificultades y limitaciones, llenando sus vidas de mucho amor, fuerza, alegría, energía, entusiasmo, fe, desarrollo mental, social, moral y profesional. Lo más importante es buscar y aceptar el cambio y convertirse en una persona libre y sana, llena de paz interior y mirando hacia el futuro, pero hacia un futuro diferente..., "UN FUTURO MEJOR".

No hay nada imposible de lograr..., "SÓLO DEPENDE DE TI".

El autor

PARTE I

MI HISTORIA

CAPÍTULO I
CÓMO EMPIEZA MI HISTORIA...

Corría el mes de julio del año 1997 cuando salí de Lima, Perú, hacia la ciudad de Miami, Florida, en los Estados Unidos de América. Llegué a este país cargando una maleta llena de lamentos, fracasos, angustia, ansiedad, desolación, tristeza, frustración, dolor, temor amargura, desaliento e inseguridad. Era una pesada carga y gran presión sobre mis hombros por la inmensa responsabilidad acerca de mi futuro y el de mis hijos. A la vez esa maleta venía llena de una gran rebeldía, valor, coraje, voluntad, ánimo, amor a la vida y "agallas", listo y decidido a pelear para enfrentar todo reto y con muchas ganas de poder salir adelante de esa aterrante angustia moral y aguda desesperación, pensando que quizás sería la última oportunidad que la vida, "graciosa o burlonamente", me daba para ver si era capaz de encaminar mi futuro y el de mi familia.

Nunca imaginé el alto costo que tendría que pagar por tan atrevido desafío. Un precio sumamente caro. Tampoco pensé que pasarían quince años sin poder volver a mi país.

Al llegar a Miami me sentía totalmente solo, alejado de toda mi familia, como un niño abandonado, atemorizado, sin saber a dónde dirigirme y por dónde empezar; solamente me quedaba el consuelo de aferrarme a la camiseta que llevaba puesta, donde estaba estampada uno foto de mis hijos con sus nombres de cariño, "Foncho" y "Juanca", quienes me la obsequiaron antes de viajar sacrificando parte del poco dinero que les dejé mientras me establecía en este nuevo país, la cual aún conservo desde hace quince años por el valor intrínseco que representa para mí. Ellos se quedaron bajo el cuidado de su mamá.

Mis pocos parientes residentes en Miami no pudieron ayudarme en lo más mínimo, ni al momento de mi llegada, cuando no tenía a dónde ir, ni con mi enfermedad. Comprendo y respeto el hecho que quizás pensaron que yo podría ser una dura carga para ellos.

Gracias a Dios un buen amigo respondió mis desesperadas llamadas desde el aeropuerto en donde me sentía perdido. Él tuvo la gentileza de "rescatarme" y dejarme en la casa de unos "amigos". Allí pasé dos noches durmiendo en un auto malogrado, con el calor de Miami y los zancudos que no me dejaban cerrar el ojo. ¡Qué tal bienvenida!..., ¿verdad? No me podía permitir gastar el poco dinero que traje de Perú para encaminar mi vida en este país. Empecé en una completa desolación, con la inmensa pena de la separación de lo más preciado para mí, Carlos Alfonso "Foncho" de casi 16 años y Juan Carlos "Juanca" de 10 años, mis hijos, mi adoración, la razón de mi vida, todo lo que me quedaba y todo lo que tengo, de los cuales me siento y vivo muy orgulloso. Nosotros nunca nos habíamos separado. Antes de partir les prometí que muy pronto nos encontraríamos nuevamente, pero no en Lima.

Mi tristeza era verlos tan jóvenes enfrentando este alejamiento de su padre. Me preocupaba e inquietaba saber que me necesitaban como su papá y amigo. También me dolía mucho verlos sufrir la pena del divorcio de sus padres, lo cual fue sumamente desastroso y perturbador para todos.

A través de la ventana del avión, aterrizando en Miami, miraba lo grande, majestuoso y magnificente de esta gran metrópoli. Era impresionante y a la vez inquietante. Sentía una combinación de miedo, inseguridad y la tristeza más grande, porque venía a enfrentar la vida en una completa confusión, perturbado, con un gran desorden en mi mente casi por reventar y también con un gran vacío interior. Había dejado atrás lo más grande para mí, mis hijos, y sentía lo desgarrador de la inconsolable pérdida de mi hija Marianella de 6 años. Ella perdió la vida tras una larga y penosa batalla contra una enfermedad que la tuvo postrada y desahuciada, solamente esperando el último momento de su existencia.

Fueron los cinco años más duros, penosos y espantosos de mi vida que al final no sólo me dejaron amargado y destruido, sino también hundido en la angustia y el miedo de no poder compartirlo con amigos y familiares, buscando consuelo y apoyo, debido a los impedimentos de orden social de esa época. Igualmente, me embargó la desesperación de ver a mis hijos involucrados e inmersos dentro de esta terrible y angustiante situación. Ellos no tenían la culpa de nada. La vida se portaba de lo más cruel y funesta para mí y mi familia.

Mucha gente sufre el dolor de enterrar a un padre, una madre, hermanos o algún familiar cercano, pero qué duro es ver acabar la vida de un hijo, tener que sepultarlo y así acabar con la ilusión y esperanza de una vida engendrada por ti. Más aún cuando esa desgracia se debe a una lenta y larga enfermedad que no tiene cura.

"Mary", como la llamábamos de cariño a Marianella, falleció a los 6 años víctima de sida, esa terrible y despiadada enfermedad que azotaba con furia en esa época.

La tortura de la condena social hacia mí y mis hijos, junto a la ignorancia, incomprensión y lo desgarrador de las miradas que podrían verte o hacerte sentir como un ser desdichado, eran como un dedo acusador apuntando a tu cara. Miradas punzantes me atravesaban sin piedad y acusaban el hecho de que pudieras también estar "infectado" y que podrías de alguna manera ser el vehículo de infección de las otras personas. Veía cómo la gente, sonriendo nerviosamente, mostraba temor, preocupación e incomodidad con nuestra presencia, lo cual era mi mayor angustia, desesperación y tristeza. Ésa era como una lenta y dolorosa agonía.

Nunca nadie podrá tener la más mínima idea y ni siquiera poder imaginar lo que pasé y lo que sentí dentro de mí como un ser humano y más aún como padre de familia. Me embargaba un sentimiento de terror por la posibilidad de poder perder a mis otros hijos, ya sea por esa espantosa y despiadada enfermedad o cualquier otro incidente de la crueldad de la vida. Era mi tortura, espanto y padecimiento diario por la impotencia de sentirme marcado por la vida y porque quizás mi descendencia no tendría futuro alguno. Cada vez que alguno de ellos se enfermaba, inmediatamente venía a mi mente la posibilidad de que fuera la enfermedad que apagó la vida de Mary, y sentía miedo de tener que volver a pasar por la misma calamidad. Sentía terror de tener que verlos sufrir sin remedio alguno. Yo me encontraba despiadada y salvajemente herido. Deseaba morirme, pero tampoco tenía derecho a eso porque tenía a mis hijos que miraban en su papá su único apoyo y esperanza. Quedé muy dañado, maltratado, sin ninguna salida a la vista.

Aún recuerdo las fiestas de diciembre, viendo la alegría desbordante de la gente en Navidad y el entusiasmo de las personas dirigiéndose a celebrar el año nuevo. Yo la pasaba con Mary en mis brazos, mirando la felicidad de otras personas a través de la ventana de la sala de mi apartamento en el distrito de San Isidro, mientras yo sentía la más espeluznante y terrible desilusión y amargura en mi corazón y en lo más profundo y recóndito de mi alma por lo que estaba viviendo con ella. Me sentía fuera de este mundo, extraviado, apartado, desolado, perturbado y extremadamente triste.

Durante la enfermedad de Mary buscaba un doctor de confianza, sensible, con calor humano que nos ayudara y que no nos "reportara". Finalmente mis primos doctores en diferentes campos, esposos de mis primas hermanas, hicieron lo que pudieron por ayudar. El primero estuvo en el comienzo y el segundo, un coronel de la fuerza área peruana, me acompañó hasta el final.

Al inicio, con la sospecha de la enfermedad, el hospital adonde acudimos nos recomendó internarla, lo cual yo no acepté por temor a que se convirtiera en sólo un experimento, cuando se sabía que no había nada que hacer para salvar su vida. A cambio de eso tomé la decisión de renunciar a todo lo mío para acompañarla y ayudarla hasta su final.

En esa época era difícil ver el sida en niños, de alguna manera era algo nuevo para la medicina, especialmente cuando no se conocía a ciencia cierta sobre este mal, origen y fuentes de infección de la misma. Se hablaba de su transmisión a través de las relaciones sexuales y luego se le atribuía a otros grupos humanos de diferente orientación sexual y otras tantas razones; en fin, diversas teorías, pero ver esta enfermedad en niños era muy difícil de entender. Para qué dejar que la frialdad de la ciencia médica sólo la sometiera a un mayor sufrimiento, tanto a ella como a nosotros.

Lo que le pasaba a Mary no era justo desde ningún punto de vista. Ver el sufrimiento de un niño o niña es lo más terrible que puede haber. Yo, como padre, estaba y estoy dispuesto a dar lo que sea para evitar el sufrimiento de mis hijos.

Estaba decidido a llevar adelante mi promesa de estar a su lado para cuidarla, protegerla y acompañarla en su padecimiento hasta el término de sus días. Era desgarrador verla sufriendo y tratando de entender lo que le pasaba. En realidad me resulta muy difícil relatar cada momento vivido con ella, son tantos y sería una forma de morbosidad o sadismo refrescar y traer a la mente todos esos espantosos momentos y días. Sólo puedo decir que la enfermedad la iba destruyendo día a día, agotando y mermando sus fuerzas, así como sus ganas de jugar y de ser una niña. Yo vivía cada día de mi vida con la angustia de saber que no podía hacer nada por ayudarla.

Entre tantas cosas, recuerdo una de esas terribles noches cuando Mary vino a mi cama con una intensa picazón en todo su cuerpo. Yo la ayudaba a rascarse suavemente pero dentro de mi fuerte cansancio físico y mental rogaba por no quedarme dormido antes de que ella lo hiciera.

Mary estaba pagando con su vida el error humano. Ella era una niña alegre y siempre demostraba su valor. Sin embargo, a veces ella decía que sabía que iba a morir.

La vida en el hogar fue muy difícil en todo sentido, tanto en el aspecto familiar como conyugal. Foncho y Juan Carlos eran niños, querían jugar, salir, asistir a fiestas infantiles y diferentes compromisos propios de su edad. Mary requería de muchos cuidados y sobre todo mucha comprensión, cariño, paciencia y entrega. Yo hacía lo mejor de mí para tratar de contentar a todos.

Luego de tanto sufrimiento, y cuando sus pulmones no pudieron más, finalmente acabó la vida de Mary la triste noche del 13 de mayo de 1990. Después del desenlace fatal se sentía el frío del profundo vacío que ella dejó. El terrible e inmenso dolor de su ausencia se apoderó de nosotros el día de su cumpleaños dos meses después de su partida. La Navidad siguiente a su deceso fue indescriptiblemente llena de amargura y dolor en su recuerdo.

¡Qué valor de Mary! Aún viene a mi mente su padecimiento y a la vez sus ganas de vivir. ¿Se imaginan lo incomprensible de ver la vida acabando con un ser tan pequeño? Un soplo al corazón fue el inicio de su fin. Las opciones para curar su enfermedad eran ir a España, Estados Unidos de América o Brasil. Los tres países, según me informaron, tenían una gran experiencia en asuntos de enfermedades del corazón. Consideré que Brasil era lo más conveniente por su cercanía y el idioma que no resultaba tan difícil de entender. Esa elección fue un gran y fatal error, error con el cual se firmó su sentencia de muerte, porque todo indica que mi hija fue infectada con el virus del sida a través de las transfusiones de sangre. Con ello se destruyó toda esperanza de vida para Marianella. Han pasado casi veintiocho años desde que fue contagiada, pero jamás será resarcido el daño moral que socavó nuestras ilusiones de verla crecer alegre, saludable, llena de vida, con un gran futuro por delante y aportando esa bellísima espiritualidad y maravillosa felicidad que las niñas otorgan a la familia.

Mi esposa y yo llegamos a la ciudad de Sao Paulo con Foncho, de 3 añitos de edad, al cual no quise dejar por el temor a que se sintiera abandonado al despertar un día y ver que papá, mamá y Marianella ya no estaban. Sentía que de alguna manera lo estaba traicionando. No quería que él sintiera que la unidad familiar se había roto. Mi objetivo siempre ha sido, fue y será respetar el sentimiento de mis hijos sin importar qué tan pequeños pudieran ser.

Todos los niños merecen amor, respeto, entendimiento, apoyo, cariño y calor de hogar. ¿Por qué esperar verlos enfermos o con otros problemas para interesarse e involucrarse en el "BELLO Y MARAVILLOSO MUNDO DE LA NIÑEZ"? No hay nada más bello que la alegría de ellos transmitida a través de una carcajada, o ver una linda e inocente sonrisa en su rostro. Ellos, en mi opinión personal, necesitan jugar abiertamente para que no desarrollen ciertos complejos o limitaciones durante su etapa de crecimiento. Muchas veces he escuchado decir: "no te ensucies la ropa", "no juegues con agua porque te puedes resfriar", "no juegues con tierra", "no camines con los pies descalzos", "no saltes que te puedes golpear", "no corras que te puedes caer", "cuida tus juguetes", "cuida tus zapatos", "pórtate bien", "no hagas eso o lo otro", etc. No es así, dejen que los niños se realicen de la manera más natural. Que se ensucien, que jueguen con agua, que se llenen de tierra, que salten, que corran, que rompan los juguetes. Para qué limitarlos, para qué crear obstáculos desde pequeños que luego van a perjudicar su futuro. Déjenlos ser lo que son: niños. Ellos tienen que estar en contacto con la naturaleza para que así aflore su verdadera personalidad. Claro está que todo tiene un límite. Más bien dejándolos manifestarse se pueden observar comportamientos negativos en su crecimiento y así poder actuar y corregir a tiempo cualquier problema que los aqueje. Es muy triste ver a un niño en una silla de ruedas o muletas, deseando jugar y divertirse, y a los padres deseando verlos felices.

Si sus hijos son sanos entonces déjenlos ser felices, es más, jueguen con ellos, sean partícipe y cómplices de sus "travesuras" y de esos bellos e inigualables momentos de su crecimiento que jamás han de volver. Y si por desgracia no lo son, ayúdenlos a que se sientan tan igual como los otros pequeños. Los niños son el mejor ejemplo a seguir. Tú puedes verlos enfermos; sin embargo, ellos sacan fuerzas para seguir adelante. Muchas veces nos sorprenden con su inmensa "FE EN SÍ MISMOS" y sus tremendos deseos de superar todos sus impedimentos, que muchas veces las personas adultas no lo pueden lograr. Yo soy un ferviente defensor de los niños. No apoyo ni creo en el libertinaje. Apoyo las reglas y la disciplina pero bien dirigidas, imponiéndolas con mucho "AMOR Y COMPRENSIÓN". Ellos entienden todo, muchas veces más que uno mismo, son muy sabios, sólo toma el tiempo necesario para hablarles y darles a conocer la manera como son las cosas. ¡Nada se logra con la violencia! ¡Eso es un crimen, es brutal, propio de salvajes y anormales! Borra de tu mente la palabra "castigo" y cámbiala por amor, apoyo, calor humano, entendimiento y orientación en sus conductas. No siembres temor, siembra confianza. Así vas a estar siempre con ellos, viéndolos crecer sanos, llenos de vida, felices y por consiguiente con un gran futuro. No basta decir "acá se hace lo que yo digo, porque yo lo digo y punto". Esa es una manera abusiva de tratar a un niño. Ellos son el futuro del mundo y lo que todos queremos es un mundo diferente y justo. Creciendo sanos y libres de toda atadura pueden lograrlo… "La sonrisa de un niño ilumina, determina y enriquece el futuro del mundo".

Cuando llegamos a Sao Paulo, nos instalamos en la casa de la Sra. María, una dama brasileña de un gran corazón. Ella se dedicaba a albergar y dar pensión a las personas que llegaban a esta ciudad con estos casos de enfermedad del corazón. Ella en todo momento dio muestras de altruismo, brindándonos su preocupación, amor, afecto, cordialidad y solidaridad hacia nosotros y a todos los que allí también vivían.

Cocinaba muy rico. Era una casa con un buen ambiente para vivir, donde se podía sentir confianza y seguridad. Allí conocimos a otras familias provenientes de otros países con los mismos problemas de salud. Recuerdo que había una bonita niña uruguaya con problemas del corazón, considerada como una "niña azul". Después de irnos de Brasil no supimos más de ellos ni del destino que corrieron.

Siempre me pregunté cómo Mary pudo haber sido infectada. ¿Qué fue lo que pasó? ¿Quién fue el responsable de esa tragedia? Ese error causó la muerte de mi hija y nos acarreó un inmenso, desmedido y extremo dolor.

A veces la medicina causa mucho dolor con sus errores, con lo cual crean decepción y desconfianza. Yo creo firmemente que hay muchos médicos amantes de su profesión, verdaderos profesionales que ponen toda su dedicación, amor y empeño para salvar una vida. También creo, en mi opinión personal, que este supremo esfuerzo acompañado de un poco más de compasión tendría un mayor impacto en la curación de las enfermedades. El deceso de una persona crea mucho sufrimiento, especialmente cuando se trata de niños. Ellos dejan una gran pena en los corazones de sus padres y un vacío imposible de llenar. Es una herida abierta que nunca más cerrará.

Mi mente está llena de recuerdos de cada día que Mary estuvo en el hospital de Sao Paulo. Qué doloroso fue el momento cuando tuvimos que entregarla al hospital para iniciar su tratamiento. Me sentí sumamente triste al verla asustada y llorando. Fue algo terrible. Cuando llegué a la pensión donde vivíamos no podía hablar con las otras personas que allí vivían porque las lágrimas brotaban de mis ojos a la más mínima palabra. Pensaba cómo se sentiría ella, sola y sin nadie conocido a su alrededor.

Cada noche, antes de irnos del hospital, yo hacía todo lo posible porque se durmiera y no sufriera al vernos ir. El hospital no nos dejaba permanecer durante las noches junto a ella. Veintiocho años atrás todo era diferente.

Tan fuerte ha sido el sufrimiento durante toda mi vida, y haber sido testigo del inmenso dolor de ver pasar a mi hija Mary por tantos tristes y desconsoladores momentos, que yo aprendí a conocer lo que es el "DOLOR DEL ALMA". El dolor del alma significa para mí el máximo dolor que un ser humano puede ser capaz de resistir, golpea e ingresa violentamente dentro de tu cuerpo, penetra y traspasa tus entrañas y va directamente a tu alma. Es un dolor extremadamente fuerte que finalmente te deja una profunda "marca" dentro de ti, una marca imposible de borrar.

Mary nació el 18 de julio de 1983, día en que el mundo católico celebra el "Día de la Virgen de Fátima", y el triste y desolador día que murió por coincidencia se celebraba en mi país el "Día de la Madre". Qué angustia, me sentía completamente fracasado, muy desmoralizado y acabado. Estaba perdido, desorientado, lleno de temor e inseguridad. Ya no era el mismo y jamás volveré a serlo.

El llegar a los Estados Unidos de América significó un cambio muy brusco y frustrante. Me sentía solo, en una gran ciudad nueva para mí, diferente y con un idioma que no hablaba. Mi objetivo estaba completamente centrado en encontrar una inmediata y urgente salida a mis terribles problemas. Había dejado atrás un país sin oportunidades, mucho menos a mis 45 años de edad. Todo estaba en mi contra y no tenía un camino claro a seguir. Mi mente era una máquina cinematográfica malograda, donde se repetía a cada momento la película de mi destrozada vida. Los recuerdos constantemente golpeaban mi mente. Me preguntaba cómo retroceder el tiempo y hacer que el desastre y la desgracia nunca hayan tocado la puerta de mi corazón y mis sentimientos.

Esa fatídica noche, en los momentos en que la vida de Mary llegaba a su fin, mi hijo Foncho despertó, entre los gritos de su mamá, y se sintió aterrado al ver tanta angustia y dolor.

Durante el velorio de su hermana, la mayor preocupación de mi hijo era si había una araña dentro de su féretro. Veía a todos los amigos llegar al velatorio tratando de consolarnos por semejante desgracia. Mi mente corría a cien kilómetros por hora, en forma descontrolada y casi desquiciada. Cuando mi mente atónita observaba a "Fonchito", recordé el día que tuvimos que llevarlo a una clínica cercana a mi casa debido a una infección en uno de sus dedos de la mano. El doctor tuvo que hacer una pequeña incisión para liberarlo del problema, Mary lloraba desconsolada al ver a su hermano con ese dolor. Fueron momentos terriblemente funestos, tristes y caóticos. Muchas vivencias, que ahora sólo son recuerdos, siempre de una forma u otra vienen a mi mente no obstante el tiempo pasado. Pienso que jamás seré liberado de estos pensamientos porque de una forma u otra forman parte de mi vida.

A partir de esta terrible circunstancia que le tocó vivir a Mary, ahora siento más que nunca un bello y profundo sentimiento de afecto al ver a un niño o una niña, pero también un gran desprecio por quienes los maltratan y abusan de ellos. Los niños vienen al mundo a dar alegría a sus padres. Es como una bendición que cae del cielo. ¡Es una gran felicidad!

Antes de venir a los Estados Unidos de América trabajé por más de dieciocho años en un banco de fomento de alcance nacional hasta 1991; sin embargo, me vi obligado a pedir una licencia sin goce de haber debido a la enfermedad de Mary. Mi vida cambió, ya no era el ejecutivo con todas las gollorías y beneficios. Me convertí en un "taxista" para poder sobrevivir y darle de comer a mis hijos. En esa época, en Lima ser un taxista era socialmente muy mal visto; ahora no lo sé, no vivo en el Perú desde hace más de quince años. La falta de oportunidad de trabajo obliga a mucha gente a tener que "buscárselas" de alguna manera, se podía ver a todo tipo de profesionales haciendo taxi.

Mi vida se tornó sumamente difícil como desempleado, trabajando los sietes días de la semana en el carro. Muchas veces tenía que trabajar enfermo, con fiebre, infecciones, cansado, decaído, aburrido y, claro, con todo el riesgo y peligro que ese oficio implicaba. Infinidad de veces estuve preocupado al ver que el día terminaba y no había logrado ganar lo suficiente para el día siguiente. Había que conseguir el dinero necesario para la comida y pensar en los gastos mensuales de la casa... ¡Qué desesperación! No había lugar a excusas, siempre me recordaba a mí mismo: "Tú eres el papá, tienes que hacer todo lo posible para que el hogar siga caminando". Por supuesto yo estaba colmado de privaciones, para mí no alcanzaba el dinero en absoluto.

El carro que manejaba estaba muy viejo y continuamente se malograba, acarreándome muchos gastos lo cual dificultaba aún más mi paupérrima y caótica situación económica. Algunas veces, en la madrugada, en lugares nada confiables, tenía que tratar de "arreglar" el carro, ya sea tendido en el suelo para sujetar el tubo de escape caído o quemándome la mano al tratar de corregir alguna falla en el motor. Debido al tiempo en este trabajo había logrado aprender a hacer las reparaciones de alguna manera y así evitaba tener que pagarle a algún mecánico. Otras veces me la pasaba empujando el auto, con los pasajeros dentro, para que arrancara. El dinero que ganaba no alcanzaba para arreglarlo oportunamente.

Recuerdo que un día trabajando golpeé un carro muy elegante y caro. El dueño, ante la desgraciada situación por la que atravesaba prefirió dejarme ir a fin de evitar, según dijo, que le pasara mi mala suerte. Claro, salí "disparado" antes de que ese distinguido y acaudalado caballero cambiara de opinión.

Tenía que esperar más tiempo del necesario para poder cambiar el aceite del motor o las desgastadas llantas que siempre estaban en malas condiciones. Recuerdo que compraba llantas usadas y baratas para que siquiera duraran un tiempo y así evitar gastar en nuevas. También andaba evadiendo a la policía de tránsito para evitar las multas por los desperfectos del carro que saltaban a la vista, o por la falta de las revisiones técnicas anuales y los controles de tránsito establecidos para el uso de un vehículo motorizado.

Fueron cinco años de una vida de lo más aterrante y miserable, a la cual no le veía ni fin ni salida. Había descendido a lo más bajo, lleno de desaliento, complejos, amargura y a la vez mucha preocupación por el futuro tan incierto. Tenía terror de convertirme en uno de esos indigentes que piden dinero en las esquinas de las calles. Hasta ahora, cuando veo a esas personas, siento mucha inquietud dentro de mí al recordar esos difíciles momentos.

Un día, ya cansado de tanta angustia, de estar dentro de un "callejón sin salida", sin ninguna opción a la vista para un futuro mejor para mí y mis hijos, tomé la decisión de emigrar. Tenía que dejar el Perú y hacer el mayor esfuerzo en busca de una vida mejor…, una vida digna y honorable. Había que sacar fuerzas de donde sea para emerger de ese abismo. ¡Qué dura y traumática decisión! Tenía que separarme de mis hijos, tenía que luchar solo. Para esto la gota que colmó el vaso de agua fue cuando, después de tanto esfuerzo, estuve a punto de conseguir un trabajo de supervisor en una importante empresa farmacéutica en Lima. En la última etapa de la contratación vieron que tenía más de 40 años de edad y anularon mi ingreso. No les importó para nada mi extensa experiencia y mis grandes deseos de encontrar una oportunidad para demostrar mi capacidad laboral…, por eso fue que tomé la decisión de irme del Perú.

Ahora podrás darte cuenta de mi intención al escribir este libro. Yo he vivido todo esto, es más, lo estoy viviendo en cada momento de mi vida. Este es un testimonio real de vida, muerte y enfermedad, el cual pongo a tu disposición para que comprendas y entiendas que siempre debes luchar para no dejarte vencer por la adversidad… "¡NUNCA TE RINDAS!" ¡Valora lo que tienes! Esfuérzate para superar los obstáculos que te afligen, empañan, oscurecen y amargan tu vida, y por consiguiente tu futuro y el de tu familia que sufre al verte sufrir.

CAPÍTULO II
MIS QUINCE AÑOS VIVIENDO CON EL CÁNCER...

Gracias a la ayuda de un buen amigo peruano conseguí mi primer trabajo en un restaurante mexicano en Coconut Grove, un bello lugar considerado distrito económico por el gran movimiento comercial que representaba. Allí pasé casi siete años, trabajando por más de tres años lavando platos, limpiando, ayudando a los meseros y realizando otros oficios. Al cabo de ese tiempo y luego de una ardua labor, los dueños del negocio decidieron darme la confianza de ser el gerente de la oficina, lo cual significó un gran aliento y estímulo para mí en momentos en que luchaba por consolidar mi nueva vida.

Sin embargo, casi al año de mi llegada a este país empezó mi calvario con el cáncer y con ello mi penosa y triste segunda parte de esta historia. Eso sucedió hace casi quince años cuando un día, mientras estaba trabajando en el restaurante, levanté algo pesado y sentí una ruptura dentro de mi cuerpo a la altura de las costillas del lado derecho. Seguí trabajando y solamente coloqué una faja alrededor de mi cintura tratando de solucionar el problema de alguna manera. No podía perder tiempo. Mis hijos esperaban en Lima por su manutención y poder continuar con sus vidas gracias al apoyo monetario de su padre en el extranjero. Este es el caso de muchos padres que como yo buscan fuera del país el apoyo económico para sus familias.

Después de un tiempo, una noche, trabajando lavando platos, sentí un gran y profundo dolor en la zona baja de la parte derecha de mi espalda, como si un cuchillo me atravesara el pulmón. Estando en el hospital, y tras largas horas de espera, una doctora me atendió y dijo que no era nada, que posiblemente debido a mi edad mis huesos se podrían estar deformando causándome ese dolor. Me trató muy mal, con mucho desprecio, arrogancia y despotismo, sin mostrar para nada amor a su profesión.

Para entonces ya tenía tres trabajos: en el restaurante de Coconut Grove, limpiaba casas y por las noches trabajaba en una fábrica de corbatas, donde el dueño nos encerraba al irse a descansar; la puerta era de metal. Al día siguiente "nos liberaba". No le importaba nuestras vidas, sólo su negocio. Yo trabajaba doblando las corbatas y cortaba los hilos sobrantes. Recuerdo que me tocó trabajar con una señora mayor de origen boliviano. Nunca imaginé la rapidez que tenía la "viejita". Ella trabajaba las corbatas y me las pasaba para que yo hiciera mi parte; era un trabajo a destajo, mientras más corbatas se hacían más se ganaba. Yo me sentía aliviado al ver a la señora tomar su descanso, pero cuando volvía ya recuperada y llena de energía, me daba más duro aún…, y yo acababa sumamente rendido.

También tenía otros "cachuelos" o trabajitos extras que por ahí aparecían. Había venido a trabajar y eso era lo que trataba de hacer. Entre otros, recuerdo cuando fui a reparar un carro que tenía una pequeña abolladura en la parte posterior. ¡Eso sí que fue realmente terrible! Salí corriendo cuando acabé el trabajo. El carro quedó peor de lo que estaba. Ni siquiera esperé cobrar.

Después de mi visita al hospital, a las pocas horas que llegué a mi casa una llamada me despertó. Era del hospital. En ese momento mi vida cambió, se transformó para siempre. Había una mancha en mis pulmones. Alguien más responsable y cuidadoso se fijó y lo descubrió. Después de varias semanas de muchos exámenes médicos y de una espera angustiante, todo se convirtió en lo que nunca jamás pensé vivir. Tenía cáncer, "Linfoma no Hodgkin". Me asusté, lloré, la angustia y desesperación aparecían nuevamente en mi vida y de una manera muy agresiva. Mi cabeza explotaba, sentía que me estaba volviendo loco.

Estaba solo, mis hijos, la razón de mi vida, estaban lejos y esperando por mí llenos de ilusión y una gran esperanza por encontrarse conmigo nuevamente y empezar una nueva vida. Yo les había pedido a ellos paciencia y comprensión, les había prometido que todo iba a ser mejor y que pronto volveríamos a estar juntos para vivir como una feliz y verdadera familia, dejando atrás el brutal sufrimiento al que fuimos sometidos en Lima. Qué duro era para mí hablar con ellos, escucharlos hablando con su papá llenos de alegría, confianza y seguridad de que todo cambiaría. Yo hacía un gran esfuerzo para ocultar mi tristeza y desesperación. Al hablar procuraba que mi voz no se quebrara y rompiera en llanto. Fingía alegría y seguridad, tenía que evitar que ellos se dieran cuenta de lo que me pasaba. No quería destruir todos sus sueños y esperanzas de un futuro mejor, sueños y esperanzas que yo había forjado en ellos cuando tomé la decisión de irme del Perú.

Mi familia de origen la conformaba mi papá "Cucho" y mi mamá Vilma, ambos limeños y padres maravillosos; Manuel "Pirucho", mi hermano mayor; Pedro el "Nono", el segundo;

y Walter, el menor. Acompañaba la familia Sebastiana la "Nana".

Mi papá siempre fue un buen ejemplo para nosotros, él era un hombre trabajador, alegre, bailarín, noble, tranquilo, preocupado y dedicado íntegramente a su familia, y al cual no pude darle el último adiós por mi condición de vivir en este país como "indocumentado". No podía salir del país. Un día, cuando estaba trabajando, mi hermano Manuel, quien llegó a este país después que yo, apareció de pronto, lo cual él nunca había hecho antes debido a sus ocupaciones, y me dio la dolorosa noticia. Ese fue otro gran golpe a mi cansada y perturbada vida llena de penurias, desgracias y tristezas. Volví a sentir el profundo dolor de perder a un ser querido, en este caso a mi padre, al cual siempre recuerdo y extraño, hasta ahora no hallo consuelo ni me pasa el dolor de su muerte, y sobre todo al saber que ya no lo volvería a ver nunca jamás. Durante su funeral permanecí todo el tiempo llamando a Lima por teléfono, tratando de acompañarlo de alguna manera.

Mi padre, como un buen papá, sabía que algo no estaba bien por el tono de mi voz cuando hablábamos. Era muy comprensivo y daba todo lo que fuera necesario por ayudar a sus hijos. Mi papá trabajó toda su vida laboral en una importante empresa bancaria del Perú.

Mi mamá, una maestra de escuela, es un verdadero ejemplo de lucha y pundonor. Ella es una mujer discapacitada; sin embargo, con mucho esfuerzo alcanzó el título universitario de "Profesora de Educación Primaria" a la respetable edad de 39 años, enferma y después de dedicarse a criarnos. Ella siempre mostró su deseo de superación no obstante que su salud se iba deteriorando cada día más y más. Ahora tiene 81 años y está retirada.

Sebastiana Suyón, la "Nana", nacida en Piura, una bella ciudad del norte peruano, tiene bien ganado el sitial de ser mi segunda madre. Ella llegó a la casa antes de que yo naciera, cuando sólo tenía 14 años de edad…, y se quedó para siempre. Sacrificó su vida por amor a nosotros. Con su cuidado, afecto y dedicación ayudó a forjarnos. La Nana acompaña a la familia desde hace sesenta años y ahora, a sus 74 años de edad, sigue al lado de mi mamá.

Nadie sabía por lo que estaba pasando… ¡Qué tristeza! Nadie con quien compartir esos momentos, estaba completamente solo. La gran pregunta, después de tanto sufrimiento vivido en Lima… ¿Había venido a los Estados Unidos de América a morir?

Como toda enfermedad, y más aun siendo la primera vez, es sumamente difícil aceptarla y comprenderla, sobre todo cuando se trata de "cáncer". Quince años atrás esta enfermedad significaba morir. Aunque a decir verdad, no obstante lo avanzado de la ciencia, cada día vemos más y más gente muriendo de cáncer.

¿Se imaginan con este tipo de noticias y después de todo el desastre vivido? Sientes que el mundo se te cierra por completo…, te aplasta. ¿Cómo huir? ¿A dónde huir? ¿Cómo volver el tiempo atrás? ¿Cómo saltar este nuevo obstáculo? El temor invadía todo mi cuerpo e iba carcomiendo mi mente cada día, cada hora y cada minuto de mi vida. No tenía descanso, no había tregua, era permanente, persistente y agobiante.

¿Por qué yo? La interrogante de siempre, como si la enfermedad tuviera preferencias de algún tipo, ataca a niños, adolescentes, adultos y ancianos, mujeres y hombres de toda condición social y económica. No importa quién seas, cómo te llames o de dónde vengas. Ahí vas, probablemente directo hacia tu final.

A todo esto se sumaba el hecho de que no hablaba inglés. ¿Cómo entender lo que me decían tanto los doctores como las enfermeras? ¿Qué estaban haciéndome? ¿A dónde me llevan? Te sientes perdido, las miradas te confunden. Están hablando de ti pero no sabes de qué. Te sientes extraño, perturbado y desvalido. Sientes convertirte en un verdadero "conejillo de indias", término con el que se denomina a esos animalitos que otorgan su vida a la ciencia para ayudar a la humanidad a encontrar la cura a las enfermedades.

Al comienzo de la enfermedad tuve la suerte de caer en manos de un doctor mexicano, quien se convirtió en mi amigo. Hablábamos español. Él me ayudó a pasar por ese período de casi un año hasta lograr superar la enfermedad en base a quimioterapias puestas a través de una inyección por la vena. Recuerdo que las enfermeras venían con una vestimenta especial y en una ocasión vi el color rojo de la inyección. La ciencia avanzó y para el tratamiento de cáncer se usa el denominado "Port-A-Cath", conocido como *"port"*, que es un aparato de titanio colocado en la vena dentro del pecho que permite conectar los catéteres con las máquinas a través de agujas.

Cuando acabé con este primer cáncer, me sometieron a sesiones de radiación en la zona dañada para quemar el tumor o lo que quedaba de él. Así pasé a engrosar la lista de los "sobrevivientes" de cáncer. El doctor dijo que si en cuatro años el cáncer no volvía, ya no volvería más.

Empecé nuevamente a vivir lleno de fe, esperanza y con la ilusión de poder lograr alcanzar todos mis sueños, para lo cual había venido a este país. Pasaron casi tres años de una vida normal y, cuando había olvidado ese terrible incidente, lamentablemente el cáncer volvió, y volvió tantas veces que ahora me encuentro tratando de salvar mi vida después de la decimoquinta vez en quince años. Los tumores aparecieron en diferentes partes de mi cuerpo: el cuello, detrás de la lengua, en la ingle, en el estómago, cerca de los intestinos, etc.

Durante todos estos años de lucha despiadada he tenido que pasar por numerosos, terribles y devastadores tratamientos de quimioterapia, soportando los espantosos efectos colaterales. Eran tan duros que muchas veces no quería volver al hospital por el temor que tenía de sentir esos efectos secundarios.

Qué frustrantes fueron y siguen siendo las veces que tengo que estar internado en el hospital, lo que para mí es muy difícil por mi inquieta manera de ser. Ese hecho me causa una inmensa tristeza. Entre otras tristes experiencias recuerdo que por las noches las enfermeras me despertaban frecuentemente para aplicar gotas a mis ojos para evitar que se resequen, y también lo hacían para controlar mis signos vitales. Otras veces el tratamiento se lleva a cabo como paciente externo. Mi doctor sabe lo difícil y traumático que es para mí estar internado. Sigo sometido a nuevos y diferentes experimentos en busca de curar mi enfermedad y así poder salvar mi vida.

Al inicio de esta enfermedad y debido al tratamiento de quimioterapia y sus efectos, me vi obligado a dejar otros trabajos y solamente continué en el restaurante mexicano. Dejé la limpieza de las casas que con tanto esfuerzo había logrado conseguir, sólo mantuve una, la de la señora "Kary", una señora argentina-estadounidense que tiene una bella residencia de estilo mediterráneo, similar a una de las que existía en la antigua ciudad de Pompeya, provincia de Nápoles, Italia. Esta hermosa propiedad, en la ciudad de Miami, tiene pisos de mármol y corredores que van de un lado a otro de la casa. El trabajo lo conseguí una tarde cuando esperaba el ómnibus y una muchacha que conocí en ese momento, después de conversar y conocer mi situación decidió ayudarme, confiar en mí y me recomendó. La señora "Kary" era muy generosa con el salario, pero muy seria y exigente en el trabajo; se paraba detrás mío para supervisar mi labor, lo cual me ponía nervioso. Muy pronto se dio cuenta de que no sabía nada de limpieza de casa; sin embargo, tuvo la paciencia de enseñarme. Con ella aprendí a limpiar casas. Nunca lo había hecho antes. Vengo de una familia de lo más consentidora donde no hacía ni mi cama. Mi mamá y la "Nana" siempre me engrieron antes y después de casado. Era como un hijo mimado... ¿Qué tal cambio, verdad?

Esta señora tenía un gran corazón. Algunas veces me recogió de mi "residencia", un cuartucho de mala muerte en Miami, a los cuales llaman "estudio" para darle cierto realce, con cucarachas como todas las casas viejas en esa ciudad, pero estaba ubicado en la playa..., siquiera eso era un buen comienzo viviendo en Miami Beach. Ella me llevaba al hospital para el tratamiento y hablaba con el doctor sobre la situación de mi salud, como si fuera de la familia o quizás mejor que eso. Asimismo, trabajé para esta señora como encargado de atención de las fiestas en su casa, como el "Día de Acción de Gracias"…, una tradicional e importante fecha de celebración para la comunidad estadounidense donde cada año, el cuarto jueves de noviembre, se realizan actividades y cenas de agradecimiento. Otras veces también trabajé como *bartender* de lo cual yo no sabía nada, pero nadie se quejaba; al contrario, los invitados lucían muy felices con mis raras combinaciones en los tragos que me pedían, nombres de tragos que nunca había escuchado en mi vida, peor aún si el pedido era hecho en inglés... Hacía lo mejor que podía para complacer los gustos más exquisitos. Me imagino que más de uno estaba en desacuerdo con mi trabajo pero el ambiente era tan alegre, jovial y cordial que no había lugar para quejas; después de todo, yo era el protegido de la señora. La pasábamos muy bien, sobre todo ella después de algunos "vinitos". Hasta ahora sigo conversando con esta especial y singular dama, recordando los "viejos" tiempos y a su amado esposo, un caballero estadounidense con una gran calidad humana maravillosa y excepcional, que lamentablemente hace poco tiempo dejó de existir.

CAPÍTULO III
EL CÁNCER VUELVE A MI VIDA…

Después de tantos trámites y muchos gastos, mis dos hijos ya estaban aquí a mi lado. Había alcanzado mi "gran sueño" de reunirme con ellos en los Estados Unidos de América. Tener a mis hijos era toda mi alegría y felicidad, un gran incentivo para seguir luchando por un futuro promisorio. Me sentía realmente muy contento.

Dejamos el "cuartucho" donde vivíamos y nos mudamos a un apartamento frente al mar en la ciudad de Miami Beach, Compramos muebles nuevos. Estábamos alcanzando el nivel de vida tan deseado y por el cual había luchado tanto. Aún recuerdo la cara de alegría de mis hijos al ver llegar el camión que traía los muebles nuevos para nuestro hogar.

Vivíamos cerca de "Bal Harbour", el mejor centro comercial de la ciudad, ubicado en una exclusiva zona de Miami. Todo iba de maravilla. Compré un carro nuevo. Nos íbamos de viaje, en fin, la pasábamos de lo mejor. Recuerdo que fuimos a la ciudad de Nueva York de vacaciones. Éramos como toda una "linda familia", muy felices, con los problemas de toda familia normal, pero lo más importante…, estábamos juntos. ¡Qué más se le podía pedir a la vida! Había logrado recuperar y superar los terribles problemas vividos anteriormente.

Juan Carlos, el menor de mis hijos, llegó primero. Él sufrió mucho al comienzo para adaptarse. Tenía que acompañarme a trabajar, no podía quedarse solo en la casa debido a su corta edad y al riesgo de los peligros. Qué pena sentía al verlo siendo un niño que tenía que pasar las horas conmigo esperando que llegara el día para iniciar la época escolar. Me partía el corazón al verlo llorar desconsoladamente. Yo sólo quería lo mejor para él. Juan Carlos extrañaba mucho a su mamá, su familia y sus amigos. Finalmente llegó el día en que empezaría su vida como estudiante. Yo estaba seguro de que todo sería diferente y mejor para él. Lamentablemente no fue así. Fue una época realmente muy difícil para él, pero mucho peor para mí, tratando de ser padre y madre con un niño que no se sentía contento viviendo su nueva vida. En esa época, el Perú no tenía futuro para la gente joven. Muchos de ellos con mucha suerte iban a la universidad y cuando se convertían en profesionales no tenían dónde trabajar. Era una gran oportunidad para él venir a este país, solamente era cuestión de tiempo para que pudiera adaptarse. Él iba a encontrar amigos y se adaptaría más fácilmente. Ésa era mi mayor ilusión y estaba dispuesto a hacer todo lo que fuera necesario para que eso sucediera y así alcanzar el objetivo de verlo feliz.

Al finalizar el año escolar, Juan Carlos regresó a Lima de vacaciones. Fue sumamente difícil convencerlo para volver a los Estados Unidos de América; él no quería regresar. Después de largas conversaciones llegamos a un buen acuerdo. Para no hacer extensa la historia, Juan Carlos ahora tiene 25 años, vive en Miami, tiene un buen trabajo, habla inglés y va a Lima cuantas veces quiere. Él se siente muy feliz viviendo en este país. Por supuesto eso no quiere decir que ni él ni Foncho ni yo hemos renunciado a nuestras raíces latinas. Estamos muy orgullosos de lo que somos y de dónde vinimos, y todo esto lo compartimos con mucho gusto y agrado con nuestros buenos, apreciados y cordiales amigos estadounidenses.

Foncho, mi hijo mayor, llegó después de seis meses, luego de intensos y tediosos trámites y por la excelente orientación de un gran amigo colombiano, al cual estaré agradecido toda mi vida por su generosa ayuda. Foncho sí se adaptó con facilidad porque vino de 16 años y quería la oportunidad de un futuro mejor. Él ingresó a un reconocido centro de educación superior comunitario para aprender inglés. Siempre fue muy esforzado y trabajador, y ahora tiene un puesto de supervisión en una corporación de alcance mundial.

Cuando ya todo se estaba acomodando, cuando estaba lleno de entusiasmo y con mucha expectativa para el futuro, cuando la alegría y la tranquilidad reinaban en mi hogar, cuando mis hijos ya estaban encaminados, cuando todos los más grandes esfuerzos y sacrificios realizados tenían sentido..., mi salud nuevamente volvió a quebrantarse. Nunca pensé que el cáncer volviera a arruinar mi vida una vez más, esta vez se localizó detrás del cuello. Otra vez fui sometido a los intensos exámenes médicos, al temor y la preocupación.

Ahora, después de todos estos largos años de lucha, tengo cuatro "bocas" en mi pecho, tres de las cuales representan los tantos años que he tenido que usar catéteres, que eran unas sondas que colgaban de mi pecho, lo cual me producía molestias y dificultad al dormir. Algunas veces estos catéteres fueron retirados de mi pecho cuando parecía que ya estaba curado. En la cuarta "boca", al lado izquierdo de mi pecho, tengo colocado el "Port-A-Cath" desde hace muchos años, esperando sacarlo algún día cuando recupere mi salud.

Esta vez me atienden diferentes médicos y nuevamente hacen mella en mí los poderosos tratamientos de quimioterapia y sus horribles e insoportables efectos secundarios. Es como una verdadera tortura. Cada vez que el cáncer vuelve involucra casi un año de mi vida.

Después de vencer uno de mis episodios de cáncer se llevó a cabo el transplante de la médula ósea que mi médico recomendó, con la esperanza de que el cáncer no volviera más a mi cuerpo. Puse mi vida en riesgo de muerte. Durante veintiún días estuve incomunicado, sumergido en quimioterapia para destruir la médula ósea de mi cuerpo. Me mantuve vivo tan sólo con las células necesarias. Luego se transplantó la "nueva" médula ósea que en realidad era la misma después de haber sido limpiada con unos químicos. Lo acepté con la esperanza y seguridad de que el cáncer no apareciera más y así poder vivir libre de este flagelo de la sociedad.

Recuerdo que una de esas noches, internado en el hospital para el transplante de médula ósea, sentí como un aviso de Dios de no estar tenso y no luchar contra la quimioterapia. La idea era dejar que el "veneno" hiciera su trabajo dentro de mi cuerpo. Allí me di cuenta que relajando mis hombros sentía mucho alivio, liberaba la tensión nerviosa y lograba descansar. Desde entonces siempre uso este método de relajación.

Después de este terrible evento no podía estar en contacto con la gente para evitar cualquier infección que podría ser fatal para mi vida; por consiguiente, tampoco podía volver a trabajar. No teníamos ni para comer. Foncho tuvo que dejar la escuela para trabajar y ayudar en esos difíciles momentos. Yo iba a rogarle a mi empleador que me dejara trabajar, pero ellos me pedían recuperarme completamente antes de volver. Lamentablemente, mi apariencia era muy mala, estaba sumamente delgado, no tenía cabello, evidentemente lucía muy enfermo. Yo necesitaba trabajar no obstante mi estado de salud, pero no pude hacer nada para remediar esa situación.

Una vez recuperado, aceptamos mudarnos a Carolina del Norte, aprovechando una oferta que recibí, y asimismo me ayudaría a aprender un mejor inglés. Amaba la idea de hablar bien el inglés; es más, en un futuro cercano me encantaría aprender también el francés, lo que me daría la oportunidad de poder comunicarme con la mayoría de la gente en el mundo entero. Viviendo en Miami era muy difícil para mí aprender y practicar el inglés, los amigos estadounidenses gustan de hablar español en esa ciudad. Yo trataba de hablarlo, me esforzaba mucho, todo el tiempo lo intentaba pero no daba resultado. Saludaba en "inglés" y ellos me respondían en español…, de ese modo nunca iba a aprender el idioma.

Al comienzo nos costó trabajo adaptarnos, pero finalmente lo logramos. Era como un nuevo amanecer, un nuevo empezar…, una nueva vida. Era como renovarse y seguir forjando el camino hacia mi realización y la de mis hijos.

Desgraciadamente, cuando todo iba tan bien como lo esperaba, sintiéndome muy fuerte, con muchas expectativas para el futuro, trabajando y estudiando, con un enorme deseo de salir adelante y finalmente encaminado a alcanzar todos mis sueños…, el cáncer nuevamente regresó. Busqué al doctor que me aconsejó el transplante de la médula ósea, tratando de encontrar una explicación. Todo el sacrificio que costó ese transplante fue en vano, sin contar con la ilusión de ser un hombre sano y forjar una mejor vida al lado de mis hijos. Cuando encontré al doctor, me dijo que mi cuerpo no respondió al transplante y me expresó su opinión de que quizás debería volverlo a hacer.

Por otro lado, en mi lucha por curar esta enfermedad, contraje ingentes deudas médicas que llenaron de angustia mi existencia. Gracias a Dios siempre he luchado buscando una salida para pagar estas deudas. Lo mejor es dar la cara y enfrentar los problemas económicos; es tedioso y muy difícil, pero no imposible. Los hospitales tienen que ver la manera de recuperar el dinero gastado en tu recuperación. Yo reconozco que si asumiste una deuda lo correcto y decente es hacer el mayor esfuerzo por pagarla, pero resulta imposible depositar dinero en cuentas creadas por separado, lo cual, en mi opinión, me parece absurdo desde todo punto de vista. Eso me pasó en Miami y aquí en Carolina del Norte. ¿Cómo poder pagar cada una de las cuentas, cuando son tantas? Yo sugerí juntarlas en una sola y llegar a un arreglo mensual de pago gradual y justo. Luché mucho para ser entendido hasta que lo logré y así pude evitar arruinar mi buen crédito. Gracias a Dios ahora tengo la suerte de tener un excelente seguro de salud a través de la institución donde trabajo.

Al dejar Florida había logrado negociar todas mis deudas de salud. Vale decir que fue muy duro alcanzar este "gran objetivo". Recorrí todas las oficinas del hospital en Miami procurando un arreglo, muchas puertas se cerraron pero logré abrir otras. Por eso me enorgullezco de que, no obstante mis grandes problemas económicos provenientes de esta enfermedad, mi crédito en los Estados Unidos de América es muy bueno. ¿Por qué? ¡Porque así lo he querido!

Reconoce todas tus deudas, nunca les des la espalda, enfrenta tu responsabilidad y busca la salida más conveniente. Lucha por negociarlas, por ser escuchado, por ser comprendido y de esta manera evitarás arruinar tu presencia crediticia, tan importante en este país.

Una vez más te digo…: ¡Tú puedes lograr lo que deseas poniendo tu dedicación, sagacidad, tenacidad, trabajo y esfuerzo! No te rindas ante el primer obstáculo, lucha por superar todos tus problemas. Lo más importante es lograr tus objetivos. No te imaginas qué bien te vas a sentir cuando veas alcanzar el éxito en base a tu esfuerzo personal. No importa si tienes que intentarlo una y muchas veces, créeme que siempre lo acabarás logrando.

CAPÍTULO IV
APRENDIENDO A LUCHAR CONTRA LOS EFECTOS DE LOS TRATAMIENTOS...
Y MIS ANGUSTIAS INTERNAS...

El cáncer es una enfermedad que viene con un solo propósito...: acabar con tu vida. Te hace sufrir, te desmoraliza, te deprime, te destroza, se mete dentro de tu cuerpo y tu mente. Te va aniquilando lentamente. Sientes que te va comiendo vivo, tanto en el aspecto físico y el psíquico y, no siendo suficiente, te "marca" quitándote el cabello producto de los tratamientos médicos lo cual tiene un impacto tremendo en el aspecto social. Es como un castigo y su influencia es aún más dañina y perturbadora en las mujeres. Las damas aman su cabello y se sienten golpeadas en lo más profundo de su amor propio.

¿Cómo te sientes? La pregunta de siempre. La respuesta ni tú mismo la conoces. Amargado, perdido, frustrado, con la mente fuera de tu cuerpo; o como en mi caso, dos personas dentro de ti, una enferma y la otra luchando por superar lo traumático del cáncer y sus efectos. Tu cuerpo no responde a tu energía. Tu ánimo está por los suelos. Todo te molesta, te sientes incómodo, no te resistes ni a ti mismo. Tu mente va a cien por hora y tu cuerpo a diez. Sientes tanto dolor físico como dolor moral al verte así. Te haces muchas preguntas, no tienes respuesta a ninguna de ellas. Los efectos secundarios de todos estos tratamientos son duros y espantosos. Recuerdo que un día fui a almorzar a un restaurante mexicano localizado cerca de mi casa, tratando de superar esos efectos. La dueña, mi amiga, al verme sufrir llenó sus ojos de lágrimas.

La "quimo" entra a tu cuerpo a matar los tumores cancerosos, pero ¿qué otros órganos dañará en su camino? Quién sabe.

¿Cómo controlar lo que parece imposible de poder controlar? ¿Cómo dejarte llevar por los efectos de la quimioterapia? ¿De qué manera puedes enfrentarlos y superarlos? ¿Quién te puede ayudar? Nadie, nadie más que TÚ…,

SÓLO TÚ. ¡Todo, absolutamente todo depende de ti!

Yo sé lo difícil que es enfrentar y controlar todos estos sentimientos encontrados. No hay medicina que te mejore. Yo he intentado encontrar ayuda a mi problema tomando diferentes tipos de medicamentos, los cuales han sido cambiados constantemente sin buenos resultados. Finalmente, y después de tanto sufrimiento y tanto pensar, logré encontrar una medicina maravillosa y extraordinaria…: "TU PROPIA FUERZA DE VOLUNTAD". Quizás suene a "palabritas" pero es la verdad, es la única vía de luchar por ti y para ti, y con esa fuerza también puedes ayudar a los demás. Es la mejor manera. No te imaginas lo maravilloso que es descubrir, conocer, explotar y desarrollar esta poderosa, exuberante, extraordinaria, valiosa, magnífica y arrolladora fuerza que vive dentro de ti.

Si esto fuera dicho por otra persona que no ha pasado o está pasando por esto, yo por ninguna razón lo creería. Todos pueden decir lo que quieran o crear situaciones ficticias para sacar provecho de ellas, pero sólo los que viven estas terribles y adversas circunstancias como yo pueden expresar lo que verdaderamente se siente dentro de uno. Yo estoy pasando todo esto en este momento mientras sigo tratando de salvar mi vida.

Todos se preguntan… ¿qué hacer para poder superar este encierro? Muchos afirman que no es tan fácil o simple. La lucha es diaria y en cada momento de tu confundida y sobresaltada vida. No hay descanso. Parece nunca terminar. Mi sincero y fraterno consejo es que por nada te rindas. Yo sé que lo que se siente dentro de ti es terrible y muy difícil de describir. No sé cuántas veces he sentido una gran frustración e impotencia convertido en un terrible y salvaje dolor moral…, el "dolor del alma" al cual ya cité anteriormente. Tal como relaté al principio de este libro, la primera vez que descubrí ese dolor fue viendo a mi hija luchando por su vida, con apenas 5 añitos. Por eso y mucho más ella fue, es y será mi "gran inspiración".

No tengo palabras para expresar, saludar y admirar su valentía a su tan corta edad. Por eso deseo remarcar el gran ejemplo que nos dejó con su coraje y valor. Ahora nosotros tenemos una representante en el cielo, nuestra Mary, nuestro "ángel celestial".

Muchas personas enfermas permanecen en su cama porque según dicen no tienen fuerzas para levantarse ni para hacer nada, hasta descuidan su aseo personal. La casa se convierte en su "fortaleza", aunque yo mejor diría que en su "cementerio". No saben el daño que se hacen al no querer hacer el esfuerzo por cambiar ese negativo esquema de su vida. Eso las enferma más. Es como vivir dentro de un círculo vicioso, un ambiente enfermizo y desgastador.

"No tengo ganas de nada", "no me importa cómo me veo", "nadie va a verme", "nadie se va a dar cuenta si huelo bien o mal". El cáncer ama este tipo de "clientes", en realidad son sus favoritos. Tu abandono en nada te ayuda, te perjudica y luego te minimiza de tal manera que acaba con toda tu fuerza, entusiasmo y consecuentemente con tu vida. Si eso es lo que quieres, "te felicito porque vas por el camino correcto hacia el final". Yo sé que no es fácil sobrellevar esta situación, yo la vivo desde hace quince años.

Los mismos días de mis tratamientos iba directamente a mi oficina a seguir trabajando. ¡Qué "loco"! ¡Qué "bruto"! ¿Cómo Carlos puede hacer eso? Esa, estimado lector, es la prueba más ferviente de mi deseo de luchar por vivir. Dios me ayuda y yo me esfuerzo y me presiono hasta donde más no poder por corresponder ese apoyo divino.

Al dejar el hospital, muchas veces he sentido que me quemaba vivo y otras tantas como si mi cara y mis manos estuvieran llena de pequeñas agujas. Te vuelves extremadamente sensible.

Todas las veces voy con mi auto al hospital, no deseo que nadie me lleve, me gusta ir por mi cuenta. Agradezco a mis hijos y amigos su preocupación por querer llevarme al hospital, pero eso me hace sentir mal, como un inválido.

Después de los tratamientos invernales, y al enfrentarme al clima frío de Carolina del Norte, mi cara se torna muy sensible y se encoge, mis ojos se entrecierran y siento la presión de los efectos del tratamiento. Después de tantos años ya me acostumbré a vivir con estos malestares. Es más, mis dedos meñiques se han deformado producto de los tratamientos y me causan dolor. Yo soy una persona que disfruto de dar un apretón de manos a mis buenos amigos, sin darle mayor importancia al dolor que eso me causa, que casi no siento porque no quiero sentirlo. Mi "VOLUNTAD" es como de hierro y mi "ENTUSIASMO" y "GANAS DE VIVIR" son aun más fuertes. Muchos de ustedes, tanto mi familia como amigos me conocen y no me dejan mentir.

Mi VANIDAD es mi gran compañero, yo diría mi mejor aliado. Me ayuda sobremanera. No me gusta que me vean mal. Me esfuerzo por lucir bien, no obstante lo mal que me pueda sentir. No acepto ni permito decaerme.

Pierdo peso con cada tratamiento. No puedo dormir bien, ni siquiera lo necesario. Algunas veces solamente duermo algunas horas y otras veces de a pocos. Mi nervios están fuertemente alterados; sin embargo, aún sigo sonriendo y amando la bella vida con una desenfrenada y aguda pasión. Esto es lo que yo quiero contagiar en ti. Tú puedes hacer lo mismo si así lo deseas y si no de qué te quejas. Después de todo, tu suerte es la que tú mismo te forjas. No esperes que la gente te mire, admire y halague por el esfuerzo que haces. Eso es por ti y por tu propio bienestar. No vivas de los demás ni para los demás. Es tu vida la que está de por medio. Hazlo por ti mismo y por tu familia que a las finales es la que más sufre. Tu familia te necesita, te ama y desea verte bien. Tú estás en un sitial sumamente importante para ellos. Respáldate, cobíjate y apóyate en el amor que ellos incondicionalmente te profesan. Usa tu valiosa energía, irradia un gran positivismo y, como consecuencia, recibirás lo mismo. Lucha por "EL MILAGRO DE TU

VIDA". No permitas que tus valiosos sueños, anhelos e ilusiones se destruyan…; lucha por vivir una vida digna, plena de salud, pasión, energía y amor. Invierte tu tiempo en convertirte en un buen ejemplo para los demás. Tiende una mano a los más débiles porque en el camino de tu desarrollo y superación fuiste uno de ellos. Ponle mucha pasión a todo lo que haces, a tus ideas, objetivos, proyectos a corto y largo plazo, y persíguelos hasta alcanzarlos. Busca llegar a tus metas y luego disfruta del resultado de tu esfuerzo. El triunfo es tuyo. Por esta razón y mucho más "PASIÓN POR LA VIDA… Un mensaje a la voluntad" es el nombre que elegí para mi libro. Debido a mi manera de ser no me costó mucho esfuerzo poner el título del libro.

En todo lo que estoy escribiendo espero no estar cambiando o infringiendo ninguna regla universal. Tampoco deseo, por ninguna razón o circunstancia, imponer mis propias opiniones. Mi intención en lo que manifiesto aquí es el profundo e inmenso deseo de ayudar a todos los que de alguna forma u otra sufren y desean emerger victoriosos de sus problemas. No pretendo aparecer como si yo fuera un *"Superman"* porque evidentemente no lo soy. Soy una persona común y corriente, llena de una gran humildad y sencillez. Lo que quiero a través de este libro es transmitir mi fuerza, energía y rebeldía para ayudar de alguna forma a encontrar un alivio a las enfermedades y a las "limitaciones", las cuales declaro, abierta y contundentemente, que "NO EXISTEN". Tú eres capaz de construir lo bueno y destruir lo malo. Tu mente es infinita e incalculablemente poderosa.

Todo este compendio de experiencias vividas por mí te lo brindo en este escrito. ¿No te parece ideal contar con "herramientas de poder" para encaminar tu vida? Ojalá las puedas aprovechar de la mejor manera. Lo hago por ti y para ti, esperando que te inspiren, te motiven y conduzcan a ser mejor cada día.

Despierta todos tus dones, por citar algunos: inteligencia, sabiduría, sensatez, amor, etc.

También tus valores: perseverancia, voluntad, respeto, integridad, dignidad, espíritu de servicio, resistencia, ternura, felicidad, valor, amistad, generosidad, gratitud, equidad, etc. Es para tu bienestar. Hazte una introspección y mira cuánta riqueza "virgen" hay dentro de ti, riqueza esperando ser explotada para tu propio beneficio y el de los que te rodean. Esa fuente de riqueza es tan poderosa que te va a engrandecer. Qué dicha vas a sentir cuando te liberes de tus problemas sobre la base de tus propios recursos. Rompe las cadenas que te han tenido atado y frustrado durante tanto tiempo. Rompe tu relación con situaciones prefabricadas y prejuicios que solamente te hacen daño. Evita creer y seguir situaciones limitantes propias de las creencias de algunas culturas. Renuncia a esa relación, lucha y esfuérzate por el cambio y por dejar detrás lo que no te sirve y te hace daño. Desde ahora "TE FELICITO" por lograr este importante y trascendental cambio en tu vida.

Hay días donde siento perder el balance de mi cuerpo, siento dolor, los músculos de mis piernas se hacen nudos y siento que cargo ladrillos cuando camino, sin contar con el hecho de no poder dormir bien. Tengo que esforzarme mucho y sacar fuerzas para superar esta situación antes de que ella acabe conmigo.

En mayo del año 2011 fui al hospital para el examen de evaluación, después de doce sesiones de quimioterapia, uno por semana. Gran sorpresa al conocer los resultados...: el tumor seguía siendo el mismo. El doctor no pudo evitar mostrar su preocupación. Las sesiones de ese nuevo tratamiento fueron suspendidas porque no había ninguna razón en ese momento para seguir "torturándome". Sólo quedó esperar alguna otra posible opción para salvar mi vida.

Esa tarde, después de aquel resultado tan desagradable, deprimente y triste, entendí que tenía que reaccionar, con esa actitud derrotista y negativa nada iba a lograr, por el contrario, habría estado rindiéndome y ayudando a la enfermedad a acabar conmigo. Yo no iba a aceptar esta situación, tengo una familia a la cual amo con todo mi corazón y deseo seguir al lado de quienes la conforman, apoyándolos y viéndolos alcanzar sus objetivos. Asimismo, también tengo mis propias metas y muchas ganas de vivir y triunfar en mi vida personal como profesional. Yo siempre digo que no he venido a los Estados Unidos de América a morir sino a triunfar.

Todo lo anterior, mi inmensa fe en la misericordia del Creador, mi fe en mí mismo, las oraciones y preocupación de todos mis familiares y amigos alrededor del mundo, es lo que hasta ahora me mantiene vivo. Tengo que seguir luchando con mucho ánimo y sacar entusiasmo de donde sea. Amo la vida y deseo seguir viviendo. Por consiguiente, creé y me impuse mis propias reglas:

PRIMERO, mi inmensa fe en Dios me lleva a poner mi vida en sus poderosas y compasivas manos.

SEGUNDO, mantener siempre una buena apariencia y aptitud por encima de todo.

TERCERO, No dejar de sonreír bajo ninguna circunstancia.

CUARTO, mantener mi amor propio muy en alto.

QUINTO, reforzar mi entusiasmo a su máximo nivel de expresión.

SEXTO, potenciar al máximo el nivel de mi fuerza de voluntad.

SÉPTIMO, no dejar que los pensamientos de muerte, duda y temor invadan mi mente.

OCTAVO, hacer que desaparezca de mi mente el sentimiento de tristeza y desaliento.

NOVENO, provocar y procurar todo lo que me brinde alegría y me haga reír.

DÉCIMO, ponerle más ganas a mi deseo de triunfar y de "comerme" al mundo entero.

UNDÉCIMO, poner la enfermedad detrás de mí y no permitirle ni que conduzca ni arruine mi vida.

DUODÉCIMO, celebrar y agradecer cada día el hecho de seguir vivo.

Yo sé que después de todo ese sentimiento de poder y triunfalismo, tal vez te invada un gran vacío, acompañado de la duda y el inmenso temor de "desafiar" lo desconocido. Conozco a la perfección ese sentimiento.

Son varias las preguntas. ¿A qué me estoy enfrentando? ¿Cómo podré superar todo esto? ¿Cómo estar seguro de que los resultados me van a favorecer y voy a salir adelante? ¿De dónde sacaré toda la fuerza para lograrlo? ¿Lo podré superar o estoy caminando directo hacia mi final? Sientes algo terrible dentro de ti. Tu mente trabaja fuertemente, muy intensamente, buscando y buscando encontrar una salida, una respuesta. Te sientes horrible, completamente fuera de lugar, aterrado. Es una fría sensación interna que te inquieta y atormenta al máximo. Sientes que te vuelve loco. Sientes que el mundo se comporta de lo más hostil y áspero contigo. Esa fuerte y extraña sensación interna es lo que yo llamo "depresión".

La depresión es el mejor amigo del cáncer. No te imaginas la manera cómo te destruye. Crea en ti fantasmas de terror. Te sumerge en una gran angustia. Te daña fuertemente. Te va comiendo poco a poco. Sientes algo dentro de ti que te desespera sin control. No le permitas entrar en tu vida. Rechaza rotundamente ese sentimiento negativo… ¡DILE NO! Cambia la frecuencia de tu mente. Piensa en las muchas cosas lindas que la vida te ofrece. Oblígate a poner una sonrisa a todos tus actos. Cuando siento su presencia, inmediatamente salgo a cambiar de ambiente. Me encuentro con antiguos amigos o busco hacer nuevos amigos en cualquier lugar, hasta me tomo un "traguito", aunque debo aclarar que no soy un bebedor, nunca lo he sido ni lo seré. Cuando estoy con mis amigos o en algún lugar fuera de mi casa nunca hablo de mi problema de salud, al contrario, hago bromas, me río a más no poder y así paso un buen momento. No te imaginas lo beneficioso que es cambiar esa frecuencia. Vuelvo a mi casa manejando mi carro con el radio a buen volumen, cantando, golpeteando el timón de mi carro tratando de seguir el ritmo de la música, de lo más feliz.

Muchas veces, después de los tratamientos, en el deseo de luchar por salir adelante, tengo que hacer un gran esfuerzo para obligar a mi cuerpo a levantarse de la cama, siento que no puedo, pero escucho una voz interna que me impulsa a no dejarme hundir en ese estado de desaliento. Mi cuerpo se resiste a ese esfuerzo, pero mi deseo de vivir es realmente poderoso e influyente. Luego, al tomar una ducha he sentido estremecer mi cuerpo débil y maltratado al contacto con el agua. Esa es una de las pruebas que logro superar al seguir luchando por mi vida y no dejarme derrotar por la enfermedad y los desesperantes efectos secundarios de los tratamientos. Ese esfuerzo es sumamente efectivo para mí. Cópialo e imítalo, te va a ayudar, es por tu bien..., es por tu vida.

Un día, ya cansado de no poder dormir y saber que mis nervios se encontraban sumamente perturbados, tomé una decisión, una "gran decisión"…: me llené de mucho valor y determinación y decidí dejar de tomar las pastillas para dormir y para los nervios. Otra de las razones por la cual decidí tomar esta decisión surgió cuando estuve en Miami por unos días visitando a mi hijo Juan Carlos y olvidé llevar las pastillas para dormir y para los nervios. No pude dormir porque dependía de esas medicinas. Eso me resultó frustrante, sentí vergüenza de mí mismo al verme acorralado y sujeto a vivir con este tipo de "condiciones". Igualmente, y debido al caótico estado de mis debilitados nervios, yo tomaba una pastilla destinada a personas con riesgo de suicidio. Hasta ese extremo llegué. Sin embargo, tomé la decisión de no continuar mi vida sujeto a estos químicos. No quería depender de pastillas para hacer mi vida "falsamente normal", especialmente sabiendo y reconociendo que yo era lo suficientemente capaz de hacer el esfuerzo. Al comienzo fue increíblemente duro de encaminar. ¡Qué lucha tan difícil! Parecía un imposible. Mi cuerpo temblaba. Por momentos sentía la desesperante sensación de tener que regresar a las pastillas, creía que no podía, eso resultó extremadamente fuerte para mí, pero luché y luché lo más que pude. Luego de un tiempo y de una dura batalla lo logré asumir. Claro que para llegar a este nivel de desarrollo he pasado por mucho tiempo de aprendizaje de mi cuerpo y de mi poderosa fuerza interna. Ahora tú puedes intentar saltar obstáculos y buscar lograr tu superación con este fehaciente testimonio de supervivencia. Si eres consciente de lo que tienes, entonces TÚ PUEDES encontrar la solución por ti mismo. Aquí sólo te estoy relatando mi propia experiencia, y sé que no todos somos iguales, por consiguiente siempre considera y escucha los consejos profesionales de tus médicos.

A veces escucho a las personas que tienen problemas decir "no sé lo que tengo", "no sé qué me pasa", eso es una ¡GRAN MENTIRA! Sí sabes lo que tienes, pero te niegas a reconocerlo debido al temor a sentirte una persona asustada, decaída y débil. Prefieres elegir llenarte de "pastillitas", algunas veces innecesarias para apoyar tu debilidad y para calmar tus nervios. Te engañas a ti mismo. Tenemos que empezar reconociendo nuestros problemas con humildad, sinceridad, entereza y sobre todo con el empeño, determinación e hidalguía para solucionarlos. Una vez más, para eso tienes tu maravillosa y poderosa "FUERZA MENTAL".

El hecho de no poder dormir es realmente desastroso y quiebra la estabilidad de tus nervios. Estuve pensando cómo hacer para superar este problema y llegué a la conclusión y determinación de no pelear contra él. La mayoría de las personas que no duermen se sienten trastornadas, desesperadas, fuera de control y de muy mal humor. Imagínense mi caso, después de los espantosos tratamientos de quimioterapia, no poder dormir y al día siguiente ir a trabajar, tratando de dar lo mejor de mí. Tienes una responsabilidad que cumplir y debes hacerlo, para eso te pagan. No se puede abusar de quienes tan generosamente se preocupan por ayudarte y apoyarte.

En las noches sin dormir pongo mi mente a trabajar. Pienso en mis proyectos para ser más exitoso. También pienso en otras opciones para desarrollar y mejorar mi trabajo.

No obstante no poder dormir debo cumplir con mis obligaciones, siempre mostrando una gran sonrisa, porque los demás no tienen la culpa de tus problemas y merecen respeto y consideración. Yo me siento muy complacido de trabajar para Members Credit Union, una institución financiera sin fines de lucro que ayuda a las personas de bajos recursos económicos a lograr sus objetivos financieros, donde reina un ambiente familiar, de mucha unión, gran camaradería y respeto dignos de destacar. Los gentiles directivos de esta noble institución, encabezados por el Presidente, Jack Braswell Jr., se mostraron muy comprensivos con mi problema de salud. Me esfuerzo mucho por cumplir honrosa y cabalmente con mi compromiso de entrega y dedicación a mi trabajo y así responder a tanta comprensión y generosidad. Hago mi mejor esfuerzo para lucir bien y no dar la impresión de ser una persona enferma, y créanme que de alguna manera lo vengo logrando.

No niego lo que siento. Mi cuerpo está sin energía, mis ojos resecos, mis piernas débiles y a la vez pesadas, siento una dura carga en mi cabeza, estoy mareado, me duele el cuerpo, cada vez que me levanto de la silla de mi escritorio tengo que hacer un gran esfuerzo para caminar, quisiera dormir durante el día lo que en la noche no puedo, vivo con la "agujas" en mis manos, tengo el cuerpo lleno de ronchas que me producen picazón todo el tiempo, y trato de aliviarla en forma muy cuidadosa para evitar romperme la piel y no adquirir alguna infección. Yo reconozco ser una persona muy enferma, pero con una profunda determinación y resolución de acabar con este mal lo más pronto posible y volver a ser una persona normal como los demás. ¡¿POR QUÉ NO?!

Toda esta fuerza no fue creada sólo para mí, ni es de mi uso exclusivo, tú también la tienes y sólo depende de ti su aprovechamiento o desperdicio. Usa tus poderes, no te niegues a semejante y maravilloso "beneficio" que Dios nos ha regalado.

Yo sigo realizando mi trabajo con mucha dedicación, optimismo, lealtad, cariño, entrega y entusiasmo. Siempre tratando de ser lo más eficiente y productivo, y buscando la manera de potenciar y optimizar mi labor al máximo posible. Me enorgullezco al saber que cumplo a cabalidad con mis responsabilidades, por lo cual cuento con una reputación y prestigio muy bien ganados.

Debido a lo ocupado que siempre estoy, de alguna forma olvido mi problema de salud. Amo la idea de sentirme útil, servicial, cordial, amigable, compresivo y amable. Veo gente diariamente, converso con ellos tanto en mi oficina como fuera de ella tratando de ayudarlos lo más que pueda. Mi trabajo no tiene horarios para mí, aun los fines de semana hago todo lo posible por promocionar a mi institución. Asimismo, decidí volver a mis actividades de trabajo fuera de la oficina, asistiendo a reuniones de negocios, tratando de promover y desarrollar nuestras metas de orden social y financieros dentro de la comunidad, tanto latina como estadounidense.

Actualmente, y después de tanta lucha, soy el respetado y reconocido Vicepresidente de Servicios Latinos de Members Credit Union. Cuento con el apoyo de un gran grupo humano, socios latinos que confían en mi trabajo. Tengo muchos amigos latinos y estadounidenses que me apoyan en todo momento y de una manera increíble. Por ninguna razón voy a defraudar esa confianza que ellos me otorgan. He creado algo grande en base a un gran esfuerzo.

Al comienzo, cuando llegué a esta institución, era el único latino, no hablaba bien el inglés y fue muy difícil establecerme en mi puesto por la falta de comunicación con otras áreas. Sin embargo, ellos confiaron en mí. Luché en forma denodada por sacar adelante mi trabajo.

Inventé mis propios recursos para desarrollar mi labor. La gente disfruta de ser parte del extraoficial "Club de Amigos de Carlos". ¿Cómo dejar que esta maravillosa obra se pierda debido a mi enfermedad? Mis objetivos son seguir luchando por todo lo que se ha hecho y tratar de hacer más y ser mejor cada día respondiendo así a tanto afecto, aprecio y comprensión de mis superiores.

Ahora, luego de ocho años de intenso trabajo, puedo asegurar que nos hemos convertido en una de las instituciones financieras con el mejor servicio personalizado del estado. En abril del año 2011 recibí el reconocimiento de "Líder Latino del 2011", premio Hanesbrands, Inc., por mi trabajo con la comunidad latina de Winston-Salem en el Condado de Forsyth, en la ceremonia de "Spanish Nite" organizada por la Liga Hispana, una institución que trabaja arduamente para ayudar a la juventud hispana a hacer realidad su sueño de seguir estudios superiores.

Constantemente estoy en las radios locales dando entrevistas y hablando de los beneficios de nuestra entidad y del excelente servicio personalizado que mi noble institución ofrece a la comunidad. Igualmente aparezco en los diferentes diarios latinos de mayor circulación de Carolina del Norte.

Para mayor satisfacción, aparecí en la primera plana de un importante diario estadounidense, cuando hice realidad mi proyecto de inaugurar mi "Museo Latino" en mi propia oficina, y considero que es el primer museo de este tipo en América. Este es uno de mis más grandes y ambiciosos proyectos del cual me siento muy orgulloso. Surgió un día cuando deseaba hacer algo diferente que pudiera hacer mi trabajo más exitoso. Yo soy una persona que sufre de "insatisfacción laboral" y siempre busco hacer más cosas, pero cosas distintas que promuevan nuestro buen nombre. Amo innovar y crear cosas nuevas. Gracias al aprecio y cariño de los socios y amigos de esta gran institución he llegado a coleccionar una gran cantidad de recuerdos de todos los países latinos y con ellos llené mi oficina. A través de este museo muestro al mundo entero la belleza y riqueza de nuestra noble, hermosa y ancestral herencia latina.

También imparto conferencias educativas financieras a los jóvenes de diferentes centros educativos, y apoyo a otras instituciones en sus importantes programas de educación financiera para adultos. Creo firmemente y decididamente que la educación es la llave para el desarrollo de las personas y de los pueblos en todo el mundo. Me tomo el tiempo para tratar sobre la perseverancia en la lucha de lo que uno cree, el apoyo desinteresado al prójimo, entre otros temas de gran trascendencia. Asimismo hablo sobre el efecto negativo para la sociedad de la presencia de las pandillas, las drogas y todo lo que afecte el desarrollo normal de la vida. Igualmente hablo de mi experiencia con el cáncer. Con mi testimonio de vida trato de influir en aquellos jóvenes para que se convenzan de que siempre se debe luchar ante cualquier adversidad y por un futuro digno y esplendoroso. Desafortunadamente, en todas mis reuniones encuentro a alguien que tiene un miembro de su familia o un amigo cercano enfermo de cáncer.

Me apasiona mi trabajo, mi labor es muy bonita, le pongo todo mi empeño, cariño, experiencia y lo disfruto enormemente. Mi objetivo es ayudar a cuanta persona se acerca a verme, lo cual lo hago con mucho cariño y entrega total. Podría humildemente asegurar que mi labor es gratamente apreciada por la comunidad latina. Mi mayor preocupación es siempre mantener muy en alto mi PRESTIGIO Y REPUTACIÓN.

En mi lucha por sobrevivir uso algunos métodos de ayuda personal; por ejemplo, cuando veo salir el sol, salgo al patio de mi casa a tomar un poco de esos rayos solares, que en mi opinión son tremendamente beneficiosos para mí. Eso y un buen bronceador me dan un buen color a mi piel y consecuentemente una mejor presentación personal. Me hace sentir realmente muy bien, me otorga una radiante personalidad, y consecuentemente levanta mi ánimo, las ganas de vivir y de disfrutar de la vida. ¡Me encanta! Esta terapia personal alimenta mi vanidad. ¿No crees que lucir bien ayuda? Es una fuerte y poderosa "herramienta" que siempre uso. Me ayuda a poner detrás mi problema. Es muy efectiva, cambia tu sufrida personalidad en un ferviente deseo de vivir, te sientes energético… y, lo mejor de todo, es que está a tu disposición totalmente "gratis". Todo esto te ayuda a entender que ante un gran problema siempre hay una gran solución.

Como estás viendo en este escrito, estoy humildemente dándote los elementos que aún me mantienen vivo y con mucha esperanza de que quizás pronto pueda encontrar una solución a mi problema de salud. Mientras tanto yo trato de ayudarme de alguna manera. Son quince años luchando por mi vida. Claro, al comienzo no sabía qué hacer, estaba lamentablemente sumergido en un mundo totalmente desconocido, solo, atemorizado y sin ayuda. No tenía el conocimiento suficiente, ni la base de la experiencia necesaria para "jugar" con otras formas de ayuda.

Otro elemento importante para mí es el agua, la tomo en abundancia. Me ayuda a limpiar todas las toxinas de mi cuerpo e hidrata mi organismo. Me empeño en beber agua todo el tiempo en la mayor cantidad que puedo.

Al comienzo de mi enfermedad, me sucedió algo insólito. Debido a los tratamientos el agua me sabía mal y también sentía un olor desagradable. Todos sabemos que el agua no tiene sabor ni olor. Felizmente esta situación pasó y ahora disfruto de este gran regalo de la naturaleza. Tengo la total seguridad de que algún día la gente va a reconocer de mejor manera su riqueza.

Cuando empecé con este problema no tenía a nadie que me diera algún consejo o un aliento a mi tan desesperanzada vida en base a una experiencia real y verdadera. Nunca he visto una historia de vida parecida a la mía, y es por esa razón que la cuento en este libro con el único fin de poder ayudar a los demás. Te la entrego y te la dedico como un mensaje a tu fuerza de voluntad, a la grandeza de tu espíritu, a tu entereza, fortaleza, sagacidad, entusiasmo y tenacidad. ¡SÉ VALIENTE Y DECÍDETE A NO DEJARTE VENCER!

La medicina quizás pueda de alguna manera desahuciarme, pero nadie va a desahuciar ni destruir mi fuerza, mi amor y la pasión que siento por la vida y mi gran deseo de ser una persona exitosa en lo social, moral y con unas inmensas ganas de amar y ser amado… Hacia esa búsqueda estoy encaminado y voy a hacer todo lo posible por lograrlo. Mi PASIÓN POR LA VIDA y mi deseo de salir adelante son rotundos, contundentes y poderosos. Pienso que aún tengo mucho que hacer en este mundo antes de llegar al lado del Todopoderoso. Estoy seguro de eso, es más, siento que ÉL está a mi lado, me cuida y me da fuerza para seguir en esta lucha. También tengo miembros de mi familia en el cielo que interceden por mí…: mi hija, mi papá, mi hermano Pedro quien murió víctima de cáncer al páncreas, la abuelita Juana, mis tías Dora, Olga y Victoria, entre otros seres queridos. Estos son seres que ahora gozan de la vida eterna y que siempre me demostraron todo su amor y total comprensión, y a quienes guardo en lo más profundo de mi corazón.

La vida, no obstante todas las dificultades y penurias, aún sigue siendo bella para mí. Busca hacer algo más en tu vida, asume el compromiso de ayudar a los demás con el gusto de hacerlo y haz de ese compromiso algo importante, necesario y trascendental. Pon mucho entusiasmo a todo lo que haces, no importa cómo te sientas y no olvides de agregar a todo una sonrisa. El sonreír alimenta tu espíritu. Lucha con la adversidad no contra la adversidad, enfréntala y trata de sacar lo positivo de su presencia en tu vida. Sigue luchando y gánate "tu lugar en la vida". Crea tu propia energía, producto de tu propia fuerza y trata de entender lo que te pasa. No busques culpables porque no los vas a encontrar, quizás tú seas el único que debido a tu dejadez, falta de valentía y decisión has permitido que tus problemas te conduzcan directamente a la enfermedad. Trabaja en explotar al máximo la magia de tu maravillosa mente para encontrar tus propias soluciones. No pierdas tiempo en esperar que otros lo hagan por ti. Busca la salida y créeme que la vas a encontrar.

En agosto del año 2011, después de recibir la penosa noticia de que el tumor que vive cerca de mis intestinos seguía vivo, no obstante los más de siete años de tratamientos continuos y sin descanso en Carolina del Norte, y al ver que la quimioterapia ya no trabajaba en mi cuerpo, debido a los tantos años de haberla recibido, fui enviado al área de radiación del hospital. Los doctores de esa área, sabiendo que anteriormente en Miami ya había sido radiada esa parte de mi cuerpo, el costado derecho del estómago, consideraron que sería mortal radiar de nuevo. Luego se pensó en radiarme a través de la vena u operar para sacar el tumor y luego radiar esa área. Ninguna de esas opciones respondió a las expectativas de los doctores, por lo peligroso que era para mi desgastado cuerpo. Finalmente me devolvieron a oncología. Mi experimentado oncólogo, un prestigioso doctor y reconocido profesional, muy humano y verdadero amigo, mostraba su preocupación por mi problema de salud. Este galeno y su equipo de doctores y cordiales y diligentes enfermeras retomaron el control de mi enfermedad. Así empecé mi noveno intento por salvar mi vida, esta vez a través de un nuevo experimento que ha ayudado a otras personas con casos parecidos al mío. Iban a ser dieciséis sesiones. En ese intento y debido a sus efectos y a la pérdida de peso, a la cuarta sesión me dieron un descanso de dos semanas para recuperarme y así poder reiniciar las doce sesiones que aún faltaban. Sin embargo, a la sexta sesión ese nuevo intento fue cancelado porque no se logró nada con él.

Al poco tiempo inicié un nuevo tratamiento que consistía en recibir una inyección grande de radiación a través del *"port"*. Esa fue una nueva opción de poder conseguir el sueño de recuperar mi salud. Un nuevo experimento que según las estadísticas ya había mostrado su eficiencia en mucha gente con casos parecidos al mío y que quizás pudiera de alguna manera ayudarme. Iban a ser dieciocho sesiones... Fue terrible, por poco me muero. Empecé a perder peso en forma acelerada, casi un kilo al día. Aun esforzándome por comer bien, llegué a perder más de cuarenta kilos. No obstante las numerosas transfusiones de sangre que recibí, el tratamiento me iba comiendo internamente, acabando con mis células rojas y blancas, plaquetas, potasio, etc. Sentía que me moría. Un día mi hijo Foncho me encontró en mi cama con mucha fiebre, me llevó al hospital donde me detectaron una fuerte infección en el vientre producto del tratamiento. Yo ya venía sintiéndome muy mal pero estaba tratando de superar el problema como siempre lo hago, pero no contaba con semejante infección. Cada tratamiento es diferente y por consiguiente sus efectos secundarios también lo son. Tuve que permanecer más de tres días internado para volver a salvar mi vida.

En uno de esos días, Foncho contrajo matrimonio civil y se me permitió, ante mi insistencia, asistir al matrimonio por unas horas para luego volver a seguir con mi curación. Fue muy emotivo ver a mi hijo casarse. A pesar de mi estado de salud por nada me iba a perder ese gran evento en su vida. Me sentí muy orgulloso, como padre, del esfuerzo que hice para hacerle sentir a él y su esposa mi fraternal apoyo.

Como consecuencia de este desafortunado intento, ese tratamiento también fue cancelado por su peligrosidad.

He luchado desesperadamente por recuperar mi peso, tratando de comer, haciendo caso omiso a mis constantes y continuas diarreas. Llega un momento en que no puedes dejar de comer, tienes que seguir intentándolo, no vale cansarse al intentarlo, si no lo haces te mueres. Qué lucha tan difícil al querer recuperar mi apariencia. Nunca me había pasado eso, sobre todo a tan semejante dimensión. Esa vez el tratamiento me dio a matar, no sólo por el daño a mi salud, sino porque también tocó uno de los aspectos más importantes para mí, uno de mis más grandes recursos, mi arma de fuego…: "MI VANIDAD". Qué mal lucía, fue increíble el extremo al que llegué. Después de ducharme sentía mucha tristeza al ver mi cuerpo "hueso y pellejo". Los pantalones los tenía que ajustar con cordones para evitar que se me cayeran. Un día, una amiga llegó a mi oficina y cuál sería su sorpresa al verme que gritó… ¡¿Qué te pasó?! Me sentí muy mal, pero le respondí tan sólo con una sonrisa. Toda esta desagradable circunstancia la enfrenté con un profundo sentimiento de "REBELDÍA Y RECHAZO" a esa desafortunada situación. No podía dejarme vencer ni menos dejar que me destruyera moralmente, lo cual seguramente hubiera significado mi triste final. Me habían golpeado mortalmente y en lo más profundo de mi ser, pero esa rebeldía y repudio que sentí me impulsaron a surgir de esa desgraciada situación y seguir luchando. Una vez más tenía que renacer de mis escombros y luchar por salir triunfante de ese nuevo, terrible y desastroso evento en mi vida.

En noviembre llegué al hospital después de los exámenes pertinentes para saber el estado de mi salud. Mi ilusión estaba puesta en que si el tratamiento me había hecho tanto daño, podría haber repercutido de alguna manera en el tumor. Estaba seguro de que el tumor había desaparecido. Esa era mi gran esperanza. Ya empezaba a sentir el aliento del triunfo y mi deseo de encaminarme a surgir. Mi pecho estaba henchido de emoción al imaginarme que finalmente tocaría el éxito en mi desesperada y larga lucha. Pensaba que por fin la vida me compensaría por todos esos años colmados de atroces padecimientos…, era lo justo.

Las innumerables veces que he tenido que ir al hospital a recibir noticias sobre mi estado de salud, lo he hecho con la certeza de que va a ser un "gran día" para mí. Hasta ahora sigo deseando fervientemente que eso suceda. Mi ilusión es que algún día no muy lejano escucharé la bella frase en inglés *"cancer free"*...: libre de cáncer.

Pero la noticia sobre mi estado de salud retumbó y estremeció mi cuerpo, hizo volar mi mente, sentí que explosionaba. Una vez más sentí la decepción y frustración, parecía como si la vida se reía de mí a carcajadas y se burlaba de mi ferviente deseo de ser una persona sana. Sentí un puñete en mi rostro o el empujón que finalmente podría hacerme caer. Desafortunadamente el tumor seguía siendo el mismo, nada le pasó y, para colmo de colmos, habían surgido dos nuevos tumores en el área del estómago. Para entonces sumaban tres tumores cancerosos. No había descanso para mí. Nada me ayudaba. Yo me aferro firme y decididamente a la vida; sin embargo, todo indica que la vida me rechaza de una manera rotunda.

¿Empezaba el cáncer a derramarse en mi cuerpo? ¿Iba a morir pronto? Era inminente y necesario empezar una nueva alternativa. Así inicié el undécimo intento por salvarme de este despiadado mal. Fueron dieciséis sesiones, uno cada tres semanas. Mi doctor me dijo que este nuevo experimento había tenido un gran éxito y que podría ayudarme. Al preguntarle qué otro paso se daría si no funcionaba, él me respondió que tiene otras opciones para mantenerme vivo y que pronto saldrían buenas noticias para la cura de esta enfermedad. Mi esperanza se centraba en que esas buenas nuevas me encontraran a buen tiempo para salvar mi vida.

Una vez más, como cada vez que inicio un tratamiento, fui informado y advertido de los consecuentes efectos colaterales de ese nuevo intento, efectos a los que prefiero no ponerles atención para que no afecten mi positivismo.

Al terminar cada una de las sesiones, y como es costumbre en mí, voy directo a mi oficina a seguir con mi trabajo y así tratar de hacer una vida "normal". Sólo he faltado a mi oficina las veces que tengo que permanecer internado en el hospital.

En fin, sigo lleno de fe y optimismo, mirando a la vida con mucha esperanza y una gran ilusión de que cada vez pueda encontrar su cura. Acompaña a este intrínseco deseo una sonrisa en mi rostro como prueba de gran confianza que pronto podré superar esta desgraciada y tormentosa situación. En lo que a mí concierne aquí estoy todavía y voy a seguir hasta cuando Dios lo diga. No pienso renunciar tan fácilmente. No lo voy hacer. Gracias Dios mío por darme la fuerza de no claudicar y por mi decisión de defender mi espacio en la vida.

Antes de cerrar este capítulo de mi libro, quiero decir que todo lo expresado aquí es consecuencia de mi experiencia acumulada a través de todos estos funestos años enfrentando esta enfermedad. Como lo he relatado, no deseo ni pretendo cambiar nada, ni deseo que este escrito sea la última palabra en la forma de encarar este problema, ni fomento que las personas me sigan fervientemente. Todo lo que deseo es ayudar a la gente a encontrar por ellos mismos otra salida a sus problemas, fuera de lo convencional, regular y establecido. Deseo alimentarte de un brillante, atrevido, agresivo y arrogante espíritu para derrotar este y otros terribles males. Sólo Dios, cualquiera que sea tu idea acerca de él, es el único que tiene el privilegio de decidir sobre tu vida. Sólo deseo expresar que TÚ PUEDES ayudarte a ti mismo usando todos los poderes que ÉL ha otorgado tanto a ti como a todos sus hijos por igual. La vida es tan difícil como tú la quieras ver y hacer. El camino hacia el éxito está lleno de fracasos y derrotas. Por ejemplo, yo no sé cómo ni cuándo va a acabar mi bella y apasionada vida, pero en lo que a mí respecta voy a seguir viviendo de la mejor manera que pueda, porque tengo derecho a vivir una vida plena, digna y decente, libre de limitaciones y enfermedades. Siempre voy a seguir mirando y encarando todos mis problemas con una "desafiante" sonrisa. Recuerda que una gran sonrisa en el rostro no significa la ausencia de problemas sino LA HABILIDAD de ser feliz por encima de ellos. Una buena actitud es la clave del triunfo. Tengo muy claras mis propias metas y creo firmemente que voy alcanzar todas ellas. Tengo mucha fe y confianza, tanto en el Todopoderoso así como en mí mismo.

A ti lector, encamina tu vida hacia un objetivo principal, el ser una persona positiva, un buen ejemplo de lucha y perseverancia…, un verdadero triunfador, un "cinco estrellas". Construye no destruyas. El futuro del mundo depende enteramente de nosotros, de nuestra actitud, de nuestro empeño y entusiasmo. Somos totalmente responsables de nuestros actos, de sus consecuencias y de nuestro futuro. Somos el mismo reflejo de lo que hacemos. Lo que haces siempre regresa a ti. Irradia simpatía, confianza y seguridad. Sé dueño de una gran y brillante personalidad, no te falta nada para hacerlo, SÓLO TOMA LA DECISIÓN DE CAMBIAR. Ama y déjate amar. Rompe lo tradicional y conservador. Crea e innova, buscando lo mejor para ti y los demás. Abre tu ventana al mundo, a los colores que la sabia naturaleza te regala para tu inmensa alegría e inspiración. Tú escoges vivir o morir, reír o llorar, ser fuerte o débil, tu superación o tus limitaciones, frustraciones y desgracias. Sé siempre honesto, compasivo, leal, sincero y transparente. Rechaza el odio, el miedo, el resentimiento y todo lo que te limita y te hace sentir disminuido. Recuerda que ser egoísta nos hace miserables, que las cosas materiales no son más importantes que los sentimientos. Asume tus retos con entereza, osadía y valentía. Nunca te detengas ante nada… "SÉ LIBRE". Respeta a los demás y respétate a ti mismo. Sé útil a la sociedad. Ayuda sin esperar beneficio alguno. Desarrolla tu poderosa mente hacia lo mejor de lo mejor. Alumbra a la sociedad y al mundo con UNA RADIANTE Y BELLA SONRISA. Y recuerda que el reloj del tiempo nunca retrocede.

¡VIVE INTENSAMENTE Y DISFRUTA PLENAMENTE CADA MOMENTO DE TU VIDA!

PARTE II

CARTAS DE MI FAMILIA Y MIS AMIGOS

"Gracias a mi familia y a todos mis amigos, quienes tan gentilmente participaron en mi libro con sus opiniones".

Carlos Patiño Effio

ADA PUERTAS
PERÚ

¡Felicitaciones, Carlitos! Tú tienes mucho ejemplo que dar. Tu vida ha sido una lucha constante. Siempre he admirado tu fuerza y tu entrega en los momentos tan duros que te tocó vivir y, por último, tu lucha contra el cáncer. Estoy segura de que tendrás mucho éxito con tu libro. Ojalá lo vendan en Lima. Un fuerte abrazo.

ADDISON, MELANI Y ENRIQUE ROMERO
MÉXICO

Señor Patiño, le damos las gracias a Dios por haberlo puesto en nuestras vidas y habernos dado el privilegio de conocerlo. Muchas veces dudamos de que los ángeles existan, pero vemos uno en usted y estamos seguros que lo es no sólo para nosotros, sino para mucha gente más. Muchísimas gracias por tener un corazón tan dadivoso y lleno de amor. Que el Señor lo bendiga grande y ricamente.

ADOLFO BRICEÑO
MÉXICO

¡Carlitos, mucha suerte con tu libro! Pocas de las personas que conozco y he conocido han sabido afrontar como tú, con tanta alegría y entusiasmo, el devastador cáncer. Esa actitud es un ejemplo de entereza y valor que debe servir de manual imprescindible y básico sobre la manera de comportarse ante la adversidad, en cualquier forma que esta se pueda presentar.

AMÍLCAR ARROYO
PERÚ

¡Cuánto significa Carlos Patiño para mí! Son treinta y ocho años que conozco a Carlos. Lo conocí cuando trabajamos en el Banco Central

Hipotecario del Perú, en Lima. Sus funciones estaban directamente relacionadas con el trato diario con empleados y ejecutivos del banco. Lo fui conociendo poco a poco, primero como compañero de trabajo y después como amigo. Compartimos trabajo y también horas después del mismo. La poca diferencia de edades nos hizo compartir muchos aspectos de la vida.

Algo que nunca olvidaré era su caballerosidad hacia todas las personas. Siempre amable, siempre una sonrisa, un apretón de manos y siempre tratando de servir a todos. Impecable en el vestir, puntual, atento, disciplinado, justo en sus decisiones, un buen amigo.

Después de casi veintiséis años volvimos a reencontrarnos aquí, en los Estados Unidos de América, él viviendo en Carolina del Norte y yo en Pensilvania.

De nuestras conversaciones me enteré de que mi gran amigo sufría de cáncer y de que ya había librado muchas batallas, saliendo hasta ahora triunfante. Asimismo, supe que Carlos había atravesado por momentos muy duros tanto en su vida personal como profesional, teniendo que realizar trabajos inimaginables para poder sustentar a su familia. Esos duros momentos los fue superando poco a poco para llegar a donde él se encuentra ahora. Carlos significa mucho para la comunidad como ser humano. Su desempeño como Director de Servicios Latinos de la institución financiera donde trabaja refleja su pasión de servicio a los demás y su gran esfuerzo por superar sus obstáculos.

El reconocimiento que Carlos recibe por parte de su público y así como de la prensa local comprueba que él sigue siendo el mismo que conocí en Lima. Carlos es un gran ser humano que piensa en su prójimo antes que en él mismo. Es el Carlos que con una gran sonrisa entrega su corazón. Es el papá que apoya a sus hijos para luego disfrutar al verlos triunfar. Es el ejecutivo, el latino que es un verdadero ejemplo para los demás, como antes lo fue. Describir a Carlos Patiño en unas cuantas líneas es injusto.

Para terminar deseo que sepan que las enseñanzas que ustedes logren en su libro van a ser las herramientas que muchos de nosotros necesitamos cuando nos sentimos perdidos en el laberinto de la vida y creemos que no somos nada. A través de las páginas de ese libro y de la historia de su vida, puedan superar tanto el dolor, la enfermedad, la soledad como todas sus limitaciones. Tengan en este libro una guía y una razón para decir, si Carlos fue capaz de hacerlo, por qué yo no. Sean triunfadores como Carlos. Así como él, luchen sin tregua para conseguir sus sueños y descubran el poder que cada uno de nosotros tenemos dentro. Pero nunca jamás olvidemos que Dios es nuestro Creador, ni tampoco olvidemos que el amor a nuestros padres, familiares y amigos es la fuerza que nos impulsa a seguir luchando.

Carlos, te admiro, me siento orgulloso de poder llamarme tu amigo, tu "hermano". Tus enseñanzas no tienen fronteras... ¡Dios te bendiga!

AMY SHELLBERG
ESTADOS UNIDOS DE AMÉRICA

Carlos Patiño es el ejemplo de vida. Un peruano muy "guapo", con un gran corazón, con un tremendo espíritu y pasión por la vida que excede todo lo que yo he visto. Yo soy una persona privilegiada al tenerlo como mi amigo.

ANA MARÍA ROJAS
PERÚ

Querido Carlos, me van a faltar palabras para decirte todo lo que siento. Son más de treinta años que te conozco y siempre fuiste un gran amigo para mí. Tengo muchos recuerdos del tiempo que trabajamos juntos en Lima. Eres un hombre admirable por todos tus logros y por tu lucha contra el cáncer. Estoy orgullosa de tener un amigo como tú y sobre todo porque eres una persona íntegra, un gran padre y siempre un amigo incondicional, que siempre está ahí cuando buscamos una palabra de aliento. Te quiero y te admiro. Que Dios te bendiga mi "gran amigo" Carlos.

ASHLEY PAIGE RELLA
ESTADOS UNIDOS DE AMÉRICA

Nunca pensé lo bendecida que sería al conocer a Carlos Patiño y poder tenerlo como parte de mi vida. Él enriqueció mi vida. Desde el primer día que lo conocí, Carlos siempre ha lucido feliz y sonriente, lleno de vida. Cada día, Carlos con su sonrisa opaca todos sus problemas, especialmente los relacionados con su salud. ¿Cómo puede hacerlo?

Nunca sospeché lo que le pasaba. Su historia es muy fuerte, poderosa, convincente y trae consigo un derroche de bellas emociones. Él habla abierta, cruda y sinceramente, y toca en lo más profundo. Yo nunca he conocido a una persona con tanto deseo y ganas de luchar por vivir y amar. Carlos Patiño no es solamente un amigo para mí, él es un maestro, una razón para sonreír y una razón para vivir la vida. Él me ha dado lecciones que uso para poner una gran sonrisa en mi cara y sobre todo cuando necesito encarar los problemas de mi vida. Simplemente él es la razón por la cual ahora soy una mejor persona. Todo esto lo escribo con todo mi corazón y con mucho respeto.

BECKY RIGGINS
ESTADOS UNIDOS DE AMÉRICA

Carlos, tú eres mi inspiración. Todas mis dolencias son superadas cuando veo tu rostro con esa magnífica "sonrisa", no obstante tu gran sufrimiento. Tú me ayudas a superar mis problemas y me haces sentir bien. Tú significas mucho para mí. Espero muchos años más de esta amistad para poder ver siempre tu sonrisa. Mucho deseo leer tu libro.

CALIQUE MARTÍNEZ-HAGUE
PERÚ

Bueno, tío, antes que nada quiero felicitarte por la fuerza que tienes. Tú sabes que siempre fuiste como un padre para mí, ya que Foncho, tu hijo, siempre ha sido, es y será como mi hermano. Tú me enseñaste muchísimo y ahora, a pesar de no verte desde hace muchos años, me sigues enseñando a tener fortaleza, fe y a luchar contra toda adversidad. Eres un ejemplo a seguir y eso se ve reflejado en tus hijos.

Desde Lima te envío un abrazo y un beso en la mejilla como a un "verdadero padre". Tu sobrino de toda la vida, Calique.

CARLOS ALFONSO PATIÑO
HIJO DE CARLOS
PERÚ

Tengo el honor y orgullo de llamar a Carlos Patiño "Papá". ¿Cómo describir a mi padre? Un gran guerrero, soñador, positivo, sonriente, motivador y un ejemplo a seguir. Desde que tengo uso de razón mi padre siempre ha luchado por sacarnos adelante tanto a mi hermano como a mí, a pesar de tantas difíciles circunstancias. Para él nosotros siempre fuimos y seremos lo primero, sus hijos son su vida. Hasta el día de hoy él nos sigue enseñando cómo ir por la vida y ser personas de bien.

Mi padre se hace querer por las personas de una manera fácil y muy rápida. Sus amigos encuentran en él a un motivador que irradia una grandiosa, desbordante y contagiante energía positiva. Esa gran sonrisa, brillante personalidad y buena actitud les alegra el día, disfrutan estar al lado de él. A mi padre le encanta ayudar a todas las personas y sobre todo a los niños.

Mi hermano y yo somos testigos de su lucha diaria contra el cáncer en el transcurso de todos estos largos años. Él siempre nos demostró su pasión por la vida; podía estar cayéndose, con mucho dolor o sufriendo los estragos de los fuertes tratamientos, pero siempre lucía su fortaleza y una actitud positiva acompañado de una gran sonrisa, es por eso que yo lo llamo "El guerrero de hierro", no hay nada que lo pueda destruir. Tengo la seguridad de que este libro impactará y cambiará la vida de todas las personas que lo lean, porque dentro de él hay mucha sabiduría y enseñanza sobre cómo comportarnos ante las adversidades de la vida.

Sigue para adelante, padre querido. Gracias por ser esa persona tan especial en nuestras vidas. ¡TE QUIERO MUCHO!

CARMEN PORTILLO
ITALIA

Querido Carlos, unas líneas para decirte que el recuerdo que tenemos de ti es cuando fuimos a Carolina del Norte en el año 2004 y nos recibieron con tanto afecto. Vi a una familia serena, hermosos sobrinos y sobre todo muy sensibles, a pesar de que nos conocimos poco porque yo era muy joven cuando decidiste irte a los Estados Unidos de América y luego yo a Italia.

Ser padres no es fácil, pero yo puedo decir que vi a un Carlos Patiño como un padre que dio y continúa dando lo más que puede de su ser a sus hijos. Con su fuerza, dignidad y con sus ganas de vivir demuestra su gran valor.

Un fuerte abrazo querido Carlos y que Dios te bendiga hoy y siempre.

CHARO HERRERA CALLIRGOS
PERÚ

Carlitos, tú siempre luchando arduamente, con mucho cariño, entusiasmo y pensando en el futuro. Un fuerte abrazo de tus amigos que te quieren un montón.

CHRIS UTHE
ESTADOS UNIDOS DE AMÉRICA

Yo quisiera compartir algunos pensamientos acerca de ti de todo el tiempo que te conozco.

Soy un mejor hombre, papá y persona desde que conozco a Carlos Patiño. Su diaria sonrisa, brillante y cálida cuando saluda me trae un rayo de luz que ilumina mi ocupada vida. Sólo toma unos minutos estar con Carlos para recordarme dónde deben estar mis prioridades sobre Dios y mi familia.

Carlos ha demostrado una fortaleza física y mental durante los años en su lucha contra el cáncer; sin embargo, él nunca permite que la enfermedad dirija su vida. En vez de eso, él demuestra que su familia, su fe en Dios y la comunidad es lo que realmente le importa.

Cada persona que conoce a Carlos se queda inmediatamente impresionada con su positiva personalidad. Recuerdo el verano del año 2011 cuando mi esposa e hijo vinieron a verme al trabajo, ambos escucharon a Carlos saludar a sus compañeros de trabajo y clientes al entrar al edificio, ellos no sabían en ese momento quién era Carlos, pero muy rápidamente me preguntaron quién era esa persona tan positiva, energética, cordial y sincera. Ellos vieron esas cualidades en Carlos. Yo me sentí honrado al presentar a esa persona al cual llamo "amigo" por siempre.

CINDY ZULOAGA
ESTADOS UNIDOS DE AMÉRICA

Carlos, tú eres una de las personas más fuertes que yo he conocido. Viéndote en tu diaria lucha para combatir el cáncer has mostrado tus "verdaderos colores". Tú tienes un maravilloso espíritu y una gran pasión por la vida. Parece que nunca olvidas el poder de sonreír y de la felicidad. A pesar de que estás enfermo, luces muy preocupado por ayudar en la vida de los demás, olvidando tus propios problemas de salud. ¡Eres asombroso!

Ahora que estoy pasando por el mismo problema con mi hija, luchando contra el cáncer, me he dado cuenta cómo una actitud positiva puede impactar el espíritu de uno y la estabilidad dentro de ese mundo desconocido.

Tú eres una inspiración para mí y para mi hija. Gracias por compartir con nosotros tu generoso espíritu, tu conmovedora sonrisa y tu coraje.

DAISY RODRÍGUEZ
PUERTO RICO

Cuando conocí a Carlos, hablamos acerca de la vida, los niños y especialmente de nuestra pasión por ayudar a los demás. Sentí como si lo conociera desde mucho tiempo atrás. Y a través de los años puedo decir que nunca he conocido a alguien más cariñoso y preocupado que él. Cuando le pedía ayuda nunca se negó y siempre encontraba la manera de acomodarse a mi pedido, especialmente cuando se trataba de ayudar a los niños de nuestra comunidad. Me siento verdaderamente afortunada de conocer a Carlos y llamarlo mi amigo.

DAVID NICOLETTA
ITALIA
Me siento muy honrado de escribir algo sobre ti. Tú me inspiras y yo sé que inspiras a los demás también.

DAVID E. SHAW
ESTADOS UNIDOS DE AMÉRICA
Cuando pienso sobre las palabras para describir a Carlos, serían las siguientes: Cálido, amigable, encantador, energético, optimista y con una gran memoria.

DONNA HENRY
ESTADOS UNIDOS DE AMÉRICA
Esto es lo que deseo decir en tu libro… Carlos, tú eres un hombre con mucho coraje. Te veo pasando por tus tratamientos de cáncer y nunca dejas que esto te derrote. Yo siempre veo una gran sonrisa en tu cara a pesar de los

adversos resultados de tus exámenes médicos. Yo verdaderamente admiro tu determinación por sentirte bien. Tú estás en mi pensamiento y en mis oraciones. Yo he sido bendecida al conocer una persona tan positiva como tú.

ELSIE RODRÍGUEZ
PUERTO RICO

¡Para mí tú eres un campeón! Cuando estuve trabajando contigo en Miami siempre recuerdo que estabas sonriendo y con una gran actitud, superpositiva. Un día me dijiste que tenías cáncer y realmente me sorprendió porque siempre te vi sonriéndole a la vida. Eres un gran ejemplo. ¡Suerte, amigo!

ERIC CASTILLO GARCÍA
MÉXICO

Hace más de cinco años que conozco a mi gran amigo Carlos Patiño. No existen palabras para definir su personalidad y expresar que tiene un gran número de cualidades en su ser que es imposible explicarlas en pocas palabras, sólo puedo resumirlo de la siguiente manera: Carlos es un misionero de Dios. ¿Se preguntan por qué? Porque él es una persona valiente, un hombre honesto, desinteresado, honorable, cariñoso, etc. Siempre dispuesto a ayudar. Pero sobre todo es un luchador incansable. Es un orgulloso de sus raíces y su hispanidad. Yo estoy convencido de que Carlos es como un "ángel", con la gran virtud de ser humano, lo cual lo convierte en un verdadero misionero de Dios. Soy un afortunado y estoy muy orgulloso de contar con su amistad, la cual la refrendo una vez más. Un abrazo querido amigo.

ERNESTO HUERTO
PERÚ

¿Cómo describiría a Carlos Patiño? Como un gran amigo y un gran ser humano que no se doblega ante las duras embestidas que le da la vida. Por el contrario, con cada obstáculo que él enfrenta en su camino, sale fortalecido y con un espíritu a prueba de todo.

¿Qué más podría decir de Carlos? Que es una persona carismática y con una inmensa ganas de vivir cada instante al máximo. Por último, que me hace muy feliz el saber que él me considera su amigo.

ESTEBAN SANTILLÁN
ARGENTINA

Carlos Patiño es todo un personaje. Él es una persona que uno sabe que dejará una huella. Él es una persona que todo lo hace con empeño, con muchas ganas y con el corazón. Carlos es un personaje que influye en la vida de muchos de una manera absolutamente positiva. Carlos presta su ayuda sin esperar nunca nada a cambio. Si lo tengo que comparar con alguien, lo haría con un "guerrero de la edad medieval", elegante y luchador. Un guerrero de los que nunca se rinde, de los guerreros que la vida pocas veces nos regala y algunos afortunados como yo tenemos el privilegio de conocer. Es como una bendición de Dios que se cruzara en mi vida.

FERNANDO GARZÓN
ECUADOR

Yo conocí a Carlos Patiño cuando fui a una entrevista de trabajo en una institución sin fines de lucro en Winston-Salem, Carolina del Norte. Después me mudé a esta ciudad para trabajar ayudando a la comunidad hispana. Así empezó mi amistad con Carlos porque él también quería participar ayudando a nuestra comunidad. Me di cuenta de la calidad de gente de Carlos e iniciamos una gran amistad. Desde entonces he visto como él ha venido trabajando arduamente y ha conseguido sus metas.

Ahora él es una persona muy conocida, está muy involucrado y es parte muy importante en la comunidad. Yo admiro y respeto mucho a mi amigo Carlos por su valor y perseverancia para salir adelante en su vida en general y alcanzar grandes metas. Agradezco a Dios por haber encontrado la amistad de una persona tan valiosa como él.

FRANCISCO RIZO
ARGENTINA

A medida que pasan los años, constantemente reflexiono sobre los logros y fracasos que me han tocado vivir y, sin duda, si no fuera por algunas personas muchos de nuestros éxitos no serían posibles. Cuando pienso en esto, me vienen a la mente varias personas que han influenciado en mi vida positivamente. Carlos Patiño es una de ellas. Por años he admirado su capacidad para seguir adelante y también su perseverancia. A pesar de no saber cuándo terminará su dolor y angustia, mantiene su sonrisa y sus ganas de vivir intactas. Muchos de nosotros deberíamos pensar en desarrollar esa capacidad de perseverar, ya que en muchas ocasiones nos dejamos rendir o deprimir muy pronto.

Carlos ha demostrado que se puede llegar tan alto como uno se lo propone. Él también ha demostrado valentía al luchar sin cansancio para ganar su batalla contra el cáncer. Desearía que hubiera muchas personas de este calibre, con esta forma de pensar como Carlos que no se pone como excusas el idioma o la cultura estadounidense para hacer lo que le gusta y triunfar. Carlos no solamente es una influencia positiva para mi vida, sino también un hombre valiente. Carlos Patiño es mi gran amigo.

Doy gracias a Dios por tu vida, amigo.

GIOVANNI PARADA
MÉXICO

Carlos, tu positivismo y ganas de vivir nunca podrán ser derrotados por ninguna enfermedad.

GRAZZIA MARÍA
GONZÁLES DE ROZENFELD
PERÚ / ISRAEL

Para tu primer libro…

Se dice que la vida es un juego que nosotros mismos elegimos jugar. La meta es descubrir cómo convertir y equilibrar nuestro deseo de recibir en el deseo de compartir con los demás. Mi tío Carlos juega este juego de la vida desde otro nivel. Él lo hace con una alegría pura y contagiante, como la de un niño en un parque de diversiones. Eso es vivir y toda su sabiduría queda compartida y entregada en este su primer libro: "PASIÓN POR LA VIDA… Un mensaje a la voluntad".

¡Muchas gracias tío Carlos!

GUADALUPE RIESS STONESTREET
MÉXICO

Hablar de Carlos Patiño es hablar de fuerza, perseverancia y optimismo al no dejarse vencer por la adversidad. Es un hombre pequeño de estatura pero grande de corazón. Carlos es un apasionado de la cultura latina, un caballero y amigo muy respetuoso. Sigue luchando por el camino que la vida te trazó y nunca desmayes. Con cariño, respeto y admiración.

GUAYO LANATTA
PERÚ

Hablar de CARLOS, a quien cariñosamente lo llamamos CARLITOS, es hablar de un ser muy especial para todas aquellas personas que lo hemos conocido y, mejor aún, tratado. La experiencia de haber compartido con él tiempo laboral, nos permitió conocer al ser humano excepcional que en todo momento dio muchas muestras de solidaridad, afecto, comprensión y amistad desinteresada. La decencia de sus actos así como sus pulcras maneras en el trato y el vestir, siempre mostraron que estábamos frente a un amigo que sin proponérselo deja lecciones de humanidad a quienes lo rodean.

Después de muchos años, me vuelvo a reencontrar con él y lo percibo tan vital como lo recuerdo, mostrando esta vez una faceta desconocida para mí, la faceta de un luchador infatigable contra un enemigo poderoso, muy poderoso...: el cáncer. Son quince años de duro batallar sin muestra de derrota. Pero así es CARLITOS, una persona con voluntad de hierro que nuevamente deja lección de vida. Tal vez esta sea la respuesta del Todopoderoso que premia a este ser excepcional por haber sido tan correcto en su proceder con todos.

Un fuerte abrazo mi buen amigo CARLITOS.

GUILLERMO CHARÚN
PERÚ

Carlos, querido y entrañable amigo, cómo atreverme a emitir comentario sobre tu persona cuando en verdad eres todo un lienzo de virtudes e inmensidades descomunales dotado genéticamente de gentileza, honorabilidad y ética. Diría que eres un inspirador nato para alcanzar metas en lo profesional y personal. Posees mucha rebeldía en vivir día a día, aprovechando el pasado para bien y dejando que el futuro llegue a su tiempo. Aprendí de ti que aunque las personas cambian y sus vidas se reorganizan, los amigos son para siempre y yo aprecio que siempre estés ahí.

Aprendí también que ser amigo del señor Carlos Patiño Effio, más que un sentimiento de afinidad, es una responsabilidad adquirida con mucha gratitud, en donde al final del camino el éxito de la vida se medirá no por lo que hemos logrado, sino por los obstáculos que hemos tenido que enfrentar. Carlos Patiño Effio es un hombre auténtico que sonríe, sueña, llora y vive con mucho ánimo y gran entusiasmo.

HAROLD JAHNSEN
PERÚ

A mi "hermano" Carlos Patiño Effio...

Conocí a Carlos en el año 1975 cuando ingresé al Banco Central Hipotecario del Perú. Él trabajaba en el Departamento de Recursos Humanos. Siempre fue un caballero y muy atento. Siempre dispuesto a ayudar. Durante los años que estuve en el banco fui testigo de su superación tanto en lo personal como en lo profesional. Su calidad humana se reflejaba en la forma como él atendía a aquellos que iban a pedirle un consejo. Carlos siempre estaba dispuesto a dar lo mejor para ayudar a quien estuviese en problemas o necesitaba apoyo.

Nos hemos reencontrado aquí, en los Estados Unidos de América, después de muchos años y es la misma persona emprendedora, atenta, amable y luchadora por excelencia. Carlos actualmente está luchando contra el cáncer, mal que lo aqueja durante muchos años. Por eso mi admiración hacia él es aún mayor. Lo admiro porque es un luchador como ningún otro. Lo admiro por su apego a la vida, el inmenso amor a su familia, el respeto y la profunda estima a sus amigos. Carlos es una persona digna de imitar. Estoy orgulloso de tener un "hermano" como él. Siempre está y estará en mi pensamiento.

HAZEL PLEASANTS
ESTADOS UNIDOS DE AMÉRICA
En la bruma de las adversidades de la vida es una inspiración ver lo fuerte y positivo que es Carlos. Él ama ayudar a la gente. Él siempre te da la bienvenida con una gran sonrisa. Carlos siempre comparte cómo la gracia y compasión de Dios lo mantiene siempre motivado.

HUGO VÁZQUEZ
URUGUAY
Querido Carlos, gracias por tu sincera y desinteresada amistad, la cual perdura y se

fortalece cada vez más a través del tiempo. No requiero verte todos los días porque sé que siempre estás ahí para cuando se te necesita. No te importa la distancia, nivel social o cultural, siempre estás lleno de afecto, cortesía y comprensión para todos. Con mucho cariño, Hugo.

INGRID CASSETTA
GUATEMALA

Te mando unas breves pero sinceras palabras.

Carlos es un hombre lleno de mucha pasión y entusiasmo por la vida, quien nunca tiene un no por respuesta.

IRMA TEALDO
PERÚ

Carlitos, para mí tu eres muy especial. Te conozco desde que vivíamos en Barranco, Lima-Perú. Tus padres maravillosos. Tú, una persona derecha y madura desde muy joven, educado y dulce. Aprendí a admirarte por Gina, tu vecina y enamorada de chicos. Ella siempre decía lo bueno que eras. Te recuerdo mucho manejando tu carro, siempre saludando a todos, muy respetuoso. Mis ojos se llenaron de lágrimas cuando leí lo del cáncer, pero de felicidad al saberte aún vivo y con mucha fe. Eres un triunfador y nada te detiene ni te detendrá en tu camino. Irradias mucha alegría. Tú tienes el "don" de dar amor, lo puedo ver en tus ojos.

Carlitos, gracias por la experiencia de vida que nos regalas en tu libro. Amor y paz para ti ahora y siempre. Que Dios te bendiga a ti y a tu familia. Te quiero mucho.

JACK BRASWELL
MEMBERS CREDIT UNION / PRESIDENTE
ESTADOS UNIDOS DE AMÉRICA

Carlos Patiño vino a Members Credit Union en el año 2004. Durante estos ocho años yo he podido conocerlo tanto en el plano personal como en el profesional. Desde el comienzo yo lo he considerado como un sello de fortaleza y extremada actitud positiva, lo cual contagia a quienes estén en su presencia.

Como representante de Members Credit Union, Carlos muestra su feroz lealtad y su propio y exclusivo estilo de trabajo. Él es muy respetuoso, bien presentado en su vestir, caluroso y muy amigable. Él siempre muestra una genuina sonrisa a aquellos con quien trata una y otra vez.

Carlos es verdaderamente único. Cualquier persona que conoce a Carlos rápidamente se da cuenta de que tiene un gran corazón. Él ama a su familia y a todos los niños. Disfruta mucho del fútbol. Él es un guerrero batallando por su salud. Su fuerza mental es magnífica, lo cual lo lleva a él más allá de lo que uno puede esperar. Mi vida se enriqueció sobremanera desde que conozco a Carlos.

JAMES Y JANE MILANESE
ESTADOS UNIDOS DE AMÉRICA
Nosotros conocimos a Carlos algunos años atrás cuando comíamos en un restaurante en

Greensboro, Carolina del Norte. Él parecía conocer a todos. Antes de esto ya habíamos escuchado de su gran amor por el pueblo estadounidense y también de su dedicación a su trabajo como Director de Servicios Latinos en Members Credit Union. Siendo un peruano, Carlos tiene un vivo y animado acento que combina con su encanto y amabilidad. Con el tiempo todos los amigos de Carlos se convirtieron en nuestros amigos. Carlos fue un informal "embajador de buena voluntad", brindando una sonrisa a todos. Fue una sorpresa saber que estaba peleando contra el cáncer por más de una década. Él nunca se muestra negativo. En verdad, estando al lado de Carlos y viendo su actitud positiva nos hace pensar sobre nuestro comportamiento en la vida. ¿Cómo puede alguien ser tan optimista, tan inspirador y un triunfador cuando está enfrentando retos no diferentes a los que Job, el siervo de Dios, enfrentó? Yo no sé si Job tenía un buen sentido del humor, pero Carlos sin duda sí.

Carlos sólo habla de su enfermedad cuando se le pregunta. Es un hombre orgulloso y no acepta compasión ni quiere que otros asuman su carga. Él sólo quiere tu amistad. Siendo amigo de Carlos uno queda bendecido. Es más que un amigo, él es una larga vida colmada de conocimientos, inspiración y generosidad. Es muy voluntarioso, generoso y cariñoso. Él es padre y abuelo, y un hombre de palabra que tiene grandes objetivos. Lo único que supera sus metas es su integridad. Carlos es también muy astuto y puede fácilmente interpretar el carácter de otras personas.

Espero que la historia de Carlos pueda impactar positivamente en sus vidas. Después de todo, él escribió este libro para ayudar a cada uno de nosotros.

JASMINE REYES
REPÚBLICA DOMINICANA

Carlos Patiño es, sin lugar a dudas, un ser humano extraordinario. Yo nunca he visto a nadie con tanta pasión por la vida como el señor Patiño. Sin importar las circunstancias siempre es positivo y nunca se rinde. Incluso en el peor momento continuó manteniendo una actitud positiva. Él es un sobreviviente, un luchador, y un verdadero guerrero. Carlos es una persona admirable.

JASON BROWN
ESTADOS UNIDOS DE AMÉRICA

Carlos Patiño es mi buen amigo, mi "hermano peruano", una increíble fuente de inspiración y ejemplo, una persona dotada con pensamiento positivo. Envidio su ilimitada energía ante la adversidad. Todos pueden aprender mucho de mi amigo Carlos.

JEANNIE DUDLEY
PUERTO RICO

Yo me siento muy honrada de conocer y cuidar en el hospital al Sr. Patiño. Su brillante personalidad y su deleite por la vida son una inspiración.

Carlos nunca deja que la enfermedad controle su actitud ni su vida. Él es un ejemplo de cómo encarar la adversidad. Él sabe disfrutar su vida al máximo y nos alienta a todos a hacer lo mismo. Su pasión es vivir y no tiene miedo a pesar de todo por lo que está pasando. ¡Bravo Carlos!

JENNIFER NÚÑEZ
PERÚ

Querido Carlos, si hay algo que se puede decir de ti que es digno de admiración es el espíritu luchador tan grande que tienes, nunca te dejaste ni te dejarás amilanar por algo tan fuerte como es enfrentar esa enfermedad que viene cobrando tantas vidas. Tú siempre has mantenido una mente positiva, y eso ha sido gran parte de tu secreto para conseguir la victoria. Sigue así que estoy segura eres el ejemplo para mucha gente que se deja caer con cosas de menos peso que lo que tú has tenido que vivir a través de todos los años. Que Dios te bendiga.

JENNY V. MARTÍNEZ
PERÚ

Conocí a Carlos mientras trabajaba en el lugar donde almorzaba casi a diario. El saber que somos compatriotas nos brindó un gran lazo de amistad y confianza. El conocer su lucha diaria, contándome sus alegrías y tristezas, su trabajo de un gran peso y responsabilidad sobre sus hombros, su gran amor por sus hijos y nieto, me hicieron ganar mucho respeto por un hombre que siempre demostró ser un incansable luchador contra la adversidad.

Debo citar al profesor Mr. Freireich de Houston: "El enfermo de cáncer debe portarse como un torero, solo en la plaza frente al toro", y eso es lo que Carlos me enseñó cuando muchas veces me preguntaba cómo hacía para sobreponerse y sonreír cuando se le veía tan decaído. Otras veces llegaba feliz al haber ganado una de las tantas batallas diarias que tenía que enfrentar. Realmente digno de admiración.

JOHN BARTLETT
ESTADOS UNIDOS DE AMÉRICA

Carlos, tú siempre tienes una maravillosa actitud hacia la vida, no obstante tu situación de salud. Tu amigo, John.

JORGE Y VICKY GARCÍA
CUBA

Trabajando en el centro de cáncer nosotros tuvimos la gran oportunidad de conocer mucha gente que ha impactado nuestras vidas en una manera positiva y memorable, pero ninguno de ellos como tú. Eres una persona sorprendente, con un increíble deleite por la vida y quien estará en nuestros corazones por siempre. Tú eres una inspiración para todos y sobre todo para los que luchan la misma batalla como tú. Tu incansable lucha por la vida y tu eterna juventud son el mejor testimonio para aquellos que no aprecian debidamente la vida. Nosotros estamos muy orgullosos de llamarte amigo. Con mucho amor.

JORGE RUIZ
PERÚ

Recuerdo la primera vez que ingresé a la oficina principal de Members Credit Union en Winston-Salem, estado de Carolina del Norte, y me saludó un elegante caballero de saco y corbata, muy sonriente, con un carisma muy impresionante, pero sobre todo con una energía arrasadora que sólo una mirada sincera lo puede dar a mostrar. Ese es Carlitos Patiño. Inmediatamente conversamos y se puso a la orden. Hoy en día somos buenos amigos y admiro toda su fortaleza en su lucha contra el cáncer, su carácter envidiable, pero sobre todo su buen corazón que no ve el mal. Al contrario, pienso que él tiene la habilidad de trasformar lo negativo en positivo.

Adelante Carlitos, eres admirable, un ejemplo de lucha diaria y nunca pierdas tu sonrisa. Sé que muy pronto recuperarás tu salud, todos tus amigos lo celebraremos contigo y estaremos muy orgullosos de que lo hayas logrado. Un fuerte abrazo mi "hermano".

JOSÉ ROCHEZ
HONDURAS

Un verdadero placer saludarlo nuevamente. Espero tenga éxitos con su libro. En lo que a mí concierne, por los pocos minutos que pude compartir con usted, la verdad es que aprendí mucho en ese corto tiempo. Aprendí cómo ver lo positivo de la vida y cómo ser agradecido con lo que Dios nos ha regalado, sin cuestionar el por qué de las cosas. Aprendí también a vivir el día a día con una sonrisa. Dios lo bendiga y éxitos.

JOSÉ VILLAHERMOZA
VENEZUELA

¡Simples palabras para un gigante nuestro! Gran inspirador de mucha gente. Luchador de siempre.

A ti a quien llamo amigo, con el saludo de todos quienes te admiramos. Dios te bendiga por tu dedicación a nuestra hispanidad, no obstante todas tus dolencias. ¡Un gran saludo!

JOSEPH ANDERSON
ESTADOS UNIDOS DE AMÉRICA

Tú eres un hombre maravilloso, un fantástico amigo y una inspiración.

JOSEPH M. COREY
ESTADOS UNIDOS DE AMÉRICA

Mi esposa y yo tuvimos la fortuna y el placer de ser vecinos de Carlos y su familia durante un año. Éramos nuevos en la ciudad de Greensboro, Carolina del Norte. Yo encontré mucho consuelo al poder entablar una amistad inmediata con Carlos. Con él yo hablaba de mi vida, mi familia, mi fe, mi negocio, era alguien con quien yo podía contar.

No pasó mucho tiempo cuando conocí los problemas de salud de Carlos. En ese momento ya había vencido el cáncer varias veces. Su mensaje era simple, mantener una actitud positiva y nunca perder la fe.

Aunque la vida nos ha llevado en diferentes direcciones, nunca podré olvidar los momentos juntos. Su actitud y su amor por la vida tienen una influencia positiva en mí. Hago lo que puedo por tratar de lograr lo que mi amigo Carlos ha logrado. Yo llevo el regalo de su mensaje conmigo día a día. Creo que, no obstante los momentos difíciles, con el mensaje de Carlos se puede lograr lo que te propones. Egoístamente para mí, la sabiduría de Carlos ha sido y seguirá siendo un enorme beneficio para mi vida.

Carlos es una persona que no obstante su desgracia es una fuente de enseñanza para los demás. Estoy muy orgulloso de ser amigo de Carlos.

JUAN CARLOS MONCALEANO
COLOMBIA

Hola querido amigo. Desde que te conocí supe el gran hombre que has sido, eres y sigues siendo. La verdad estoy asombrado de ver la fuerza que tienes para resistir esta mala enfermedad que te agobia por tantos años y lo valiente que has sido al no dejarte vencer. Amigo mío, la verdad eres un ejemplo para nosotros ya que podemos ver que Dios siempre está con nosotros y nos da fuerza para soportar cualquier cosa que nos aflija y quiera hacernos daño. Eres un hombre lleno de amor para tus semejantes, lo cual hemos visto muchas veces realizando tu trabajo. ¡Gracias, amigo!

También tengo el orgullo de que eres un hispano con mucho coraje, triunfando en la sociedad estadounidense tanto en el aspecto laboral como el humano, lo cual nos brinda mucha confianza para que todos veamos que sí se pueden alcanzar las metas trazadas.

Personalmente te deseo muchos éxitos en tu vida y que sigas adelante con la ayuda del Todopoderoso. ¡Felicidades!

JUAN PABLO REYES
ECUADOR

Querido Carlos, es un enorme orgullo tenerte como mi amigo. Tu fuerza y valor para enfrentar esta enfermedad es admirable. Sabes que siempre cuentas conmigo para lo que necesites. Sigue luchando que los grandes seres humanos como tú siempre triunfan. Mis mejores deseos.

JUAN F. ZULUAGA
COLOMBIA

Yo tengo mucho que decir acerca de mi amigo Carlos Patiño. Muchas palabras pueden ser usadas para describir a este increíble hombre, como valiente, fuerte, emprendedor, entusiasta, alegre, hábil, inteligente, pujante y humilde son las que en este momento vienen a mi mente. Desafortunadamente, estas palabras se quedan cortas para describir a este "increíble guerrero".

Yo he conocido a mucha gente en mi vida que ha influenciado en mí; sin embargo, pocos de la manera como Carlos lo ha hecho. Él es sumamente optimista, vive su vida al máximo. Carlos nunca renuncia y pelea por lo que él cree. Él siempre te saluda con una sonrisa y te hace sentir bien no obstante sus problemas o los que tú puedas tener.

Carlos me ha enseñado a apreciar lo que tengo y lo que soy. Asimismo, me ha inculcado agradecer a Dios cada día por las bendiciones que ha depositado en mí. Más que todo, Carlos me enseñó el valor de tener un amigo como él en mi vida. Carlos enriqueció mi vida con su amistad.

Gracias, Carlos. Me siento muy orgulloso de haberte conocido. Soy muy honrado de ser tu amigo. ¡Dios te bendiga!

JULIO VERNE
PERÚ

Desde que conozco a Carlos siempre he admirado su manera alegre de saludar y recibir a las personas, a algunas de ellas ni siquiera las conoce, pero su humildad nos hace sentir a todos de una manera especial. Él es un ejemplo de cortesía que muchos deberíamos aprender.

Carlos sigue sonriendo a la vida, no obstante su batalla diaria contra el cáncer. Ese es un ejemplo más de fortaleza y perseverancia. Él demuestra lo bello que es vivir a plenitud disfrutando cada instante y agradeciendo a Dios por todo.

Eres un luchador y una prueba viva de que nada es impedimento para seguir en la vida.

JULIO CÉSAR
VILLAVICENCIO CASTELLANOS
CANADÁ / PERÚ

Carlos, lo único que yo podría decir acerca de ti es que siempre fuiste una persona con mucha equidad y sentido de amistad innato. Tu amigo de siempre, "El gato".

KARLA MÁRQUEZ
MÉXICO

Pensando en ti y lo que significas para mí…

C alidad…, la cual es tu característica.

A ptitud positiva ante la adversidad.

R espeto y amor a la vida.

L ibre de pensamiento y amplio corazón para
   dar y comprender.

O bsesión por el amor en todos tus actos.

S ensibilidad y compasión, cualidades tuyas.

P asión y devoción dentro de tu corazón.

A cción y capacidad para enfrentar tus problemas.

T enacidad y lealtad, cualidades innatas en ti.

I nteligencia y audacia siempre demostradas por ti.

N iñez dentro de tu personalidad. Tú tienes un buen corazón.

O portunidad para ser un triunfador, lo cual ya eres.

Has tocado muchas vidas con tu valor y coraje. Tú eres un buen compañero. Amigo, siempre te tengo muy presente. Te quiero mucho. ¡Felicidades con tu libro!

KEVEN CARROLL
ESTADOS UNIDOS DE AMÉRICA

He conocido a Carlos por varios años. Las palabras más apropiadas para describirlo son: positivo, agradable, apasionado, motivado, decidido, honrado, cariñoso, divertido, sólo para mencionar algunas.

Un día, cuando estábamos sentados en su oficina, hablamos de su próximo tratamiento contra el cáncer y la palabra que yo estaba buscando apareció: Sonrisa. Mientras hablaba con Carlos ese día, él me describió lo que le pasaría en su cuerpo y me habló de la erupción que todavía tenía en su piel como consecuencia del tratamiento anterior. Los dos conversamos de la dificultad del tratamiento que iba a tener y de sus estragos. Cuando pasó un cliente por su oficina, él lo llamó en voz alta: "Amigo", acompañado de una gran sonrisa en su rostro. Entonces yo supe que ésa era la palabra. No obstante por lo que estaba pasando, él quiere sonreír.

Me he sentado en la habitación del hospital acompañándolo y cada vez que alguien venía él siempre sonreía y saludaba con cariño. He estado con él en un restaurante local y he sentido que estaba en un programa de televisión llamado "Cheers" (que significa aclamar, vitorear, gritar de entusiasmo, dar vivas), cuando la gente entusiasmada lo llama por su nombre y él sonríe.

Carlos ama la vida y a la gente. Él quiere que la gente tenga el mismo entusiasmo por la vida que él tiene. Nunca he conocido a alguien con tantos años luchando contra el cáncer y que sonría como él lo hace. Algunos días su sonrisa es mejor que otros, pero cuando entras en contacto con él sabes que dentro de su corazón está tratando de mostrar su mejor sonrisa.

Nuestro mundo sería un lugar mejor si todos nos sonriéramos el uno al otro, como lo hace Carlos.

Gracias Carlos por tu sonrisa.

LOIDA ROCHA
NICARAGUA

Recordado amigo, para mí ha sido un gusto conocerte y estoy muy agradecida porque en los momentos más difíciles de mi hermano, el Dr. Moisés Rocha, quien fue un luchador contra el cáncer, tú lo animabas con mucho amor hasta que Dios lo llevó a su presencia.

Carlos es un hombre muy amable y cariñoso, muy especial para mí y mi familia, más que un amigo. Admiro cómo está peleando contra el cáncer estos quince años. Un hombre valiente que tiene mucha fe en Dios. Él sigue adelante con tanta fortaleza que hasta un libro está escribiendo, el cual estamos esperando para deleitarnos con el testimonio de su lucha, lucha de la cual deseamos salga triunfador.

¡Bendiciones!

LUIS ASTURIAS
EL SALVADOR

Carlos es un perfecto ejemplo para todos. Él nunca se rinde y trabaja muy duro para alcanzar sus objetivos, a pesar de la horrible enfermedad que padece. Cuando me encuentro con él en algún restaurante, siempre está bromeando, riendo y estableciendo nuevos contactos para el mejor desarrollo de su trabajo. Nadie podría creer que él tiene cáncer.

Él me inspira y me hace comprender que siempre existen esperanzas no obstante qué problemas uno pudiera enfrentar.

LUIS Y SONIA ORTEGA
NICARAGUA / VENEZUELA

Claro, señor Patiño, la lucha es incesante en contra de una situación de tal magnitud y que solamente usted la sabe llevar, no obstante los sufrimientos que eso produce y el desánimo que genera, la ha sabido confrontar llenándose de ánimo, entusiasmo y no rindiéndose ante la misma. Uno de los sentimientos que prevalece y lo caracteriza es el amor, ese motor que lo ha conducido hasta donde ha llegado y lo seguirá conduciendo en su lucha por la vida. Lo admiramos y nos enorgullece saber que es uno de los nuestros.

LUIS PALOMINO
PERÚ

Sinceramente, he conocido muchas personas en mi vida pero jamás una persona como tú. Es un honor para mí y para todas las personas que te conocen tener tu amistad. Un corazón humilde sólo un "líder" como tú lo puede tener, y gracias al servicio que diariamente nos das a toda la comunidad hispana podemos tener una mejor opción de vida.

Gracias Carlos por el apoyo incondicional que brindas a todos los hispanos que te necesitamos. Te mereces sólo agradecimientos y bendiciones. ¡Eres un Campeón! Gracias por permitirme ser tu amigo.

MARCELA DAVIS
ARGENTINA

Yo conozco a Carlos desde 2002, cuando iba a Members Credit Union como asociada de la institución. Carlos tenía su escritorio junto a la puerta principal. Él siempre me saludaba muy amigablemente en inglés, hasta que luego supo que yo era argentina y hablaba español. Para entonces nosotros no hablábamos un buen inglés.

En el año 2006 empecé a trabajar para Members Credit Union cuando Carlos ocupaba la posición de Director de Servicios Latinos. También recuerdo verlo muy dedicado a su trabajo y lleno de energía.

En el año 2008 Carlos fue diagnosticado con cáncer por cuarta vez.

Carlos tiene mucha fuerza y un gran amor por la gente. Él es muy popular y querido. Todos, estadounidenses y latinos, preguntan por su salud y rezan por él. Carlos es una inspiración, un luchador, muy entusiasta en su trabajo y en su vida. Muchas veces no se siente bien y, sin embargo, viene a cumplir a cabalidad con su trabajo inclusive el mismo día después de sus tratamientos y nunca se queja. Yo estoy muy orgullosa de trabajar con alguien como él. Yo lo admiro, así como lo admira la comunidad latina y estadounidense.

Que Dios te bendiga y te siga dando fuerzas en tu lucha contra el cáncer, y que muy pronto recuperes tu salud.

MARÍA ELENA GARCÍA
ARGENTINA

Conozco a Carlos por casi ocho años. Mi impresión hacia él es que no sé de otra persona que luche tanto por su vida, y que a pesar de su grave problema de salud continúa trabajando arduamente y siempre mirando hacia un futuro mejor.

MARÍA CLARA GIRALDO
COLOMBIA

Carlos es una de las pocas personas que han tocado mi vida y me inspiró a vivirla de la mejor manera. Él me enseñó a amar la vida sin reclamar por los pequeños problemas que a veces encuentro. Yo lo admiro a él más que a nadie y asimismo admiro su pasión por la vida y su fortaleza. Cada vez que hablo con él le expreso cuánto lo aprecio y lo admiro, porque yo no sería tan fuerte como él si tuviera que enfrentar todos los retos que le ha tocado vivir. Yo estoy segura de que él estará con nosotros muchos años más porque como él me dijo: "Yo no permitiré que la enfermedad tome control de mi vida", y yo estoy de acuerdo porque él es más fuerte que eso.

Con amor.

MARÍA DEL MAR HERNÁNDEZ
COLOMBIA

Carlos, no sé ni por dónde empezar para hablar sobre la influencia que has tenido en mí. Por razones del destino he tenido la grata oportunidad de compartir últimamente mucho tiempo contigo, y le doy gracias a Dios que me ha permitido conocer más a fondo a esa persona que jamás se ha dejado vencer y que me ha enseñado a ser más agradecida con la vida. Gracias a ti he crecido como persona y he aprendido a valorar lo que en realidad es de gran importancia en la vida, y a dejar a un lado cosas insignificantes a las que quizás les di mucha importancia en algún momento.

Eyas y yo hemos disfrutado cada momento y también las conversaciones que hemos tenido contigo. Quiero que sepas que te admiramos intensamente. Eres un ejemplo en nuestras vidas, y con la ayuda de Dios esperamos seguir contando con tu amistad por muchísimos años más.

Sigue adelante, que con tu sola presencia haces del mundo un lugar mejor.

MARÍA JULIA TELLO
PERÚ

Carlos, eres un hombre de muy buen carácter, amiguero, alegre, afectuoso, comprensivo, muy sociable, responsable, respetuoso, con una gran fortaleza, con muchísimo amor a tu familia y encima sigues siendo "guapo". Carlitos, oro por ti cada día, junto a mi hermana, por tu total recuperación. Yo sé que Diosito siempre me escucha. Quiero ser siempre tu amiga. Recibe un fuerte abrazo a la distancia.

MARTÍN BALAREZO GARCÍA
PERÚ / ESTADOS UNIDOS DE AMÉRICA

Mi querido amigo Carlos, te escribo unas breves palabras para demostrarte mi gran admiración por tu monumental lucha por la bella vida que todos merecemos disfrutar. Muchísimas veces quienes gozamos de salud nos negamos a disfrutar de ella. Cada instante que no disfrutamos del presente es un instante menos en nuestra propia historia, y un instante más que lanzamos a ese rincón del pasado que carece de bellos recuerdos.

Tú eres un hombre grande porque los hombres grandes no son los altos ni los voluminosos, sino los que aspiran a descubrir lo que hay más allá del pequeño mundo que los rodea..., y el mundo espera por ti, amigo. Tienes el coraje de luchar y la esperanza de triunfar.

Me enorgullezco de ser tu amigo y de ser partícipe del proyecto de publicación de tu gran libro "PASIÓN POR LA VIDA... Un mensaje a la voluntad", que está cargado de sentimientos y enseñanzas, y el cual va a permitir trascender tu propia historia que nos beneficiará a todos. ¡Un fuerte abrazo!

MARY JANE LANTOR
ESTADOS UNIDOS DE AMÉRICA

Carlos Patiño y yo empezamos a trabajar el mismo año en la oficina principal de Members Credit Union. Recuerdo que su inglés no era bueno y cada día se esforzaba por mejorarlo, logrando relacionarse con los miembros de esta institución.

Algunas veces, cuando conversábamos, él graciosamente decía que era "Super Charlie". Eso era extraño para mí y no sabía por qué. Pasado el tiempo mejoró su inglés y él empezó a traer muchos nuevos socios y su nombre se hizo conocido. Luego comprendí por qué lo del sobrenombre.

Carlos es dedicado, confiable, sincero y el más esforzado trabajador que nunca he visto. Carlos es también un cariñoso padre y abuelo. Todos sus logros los ha alcanzado durante su larga lucha contra el cáncer que empezó en Miami. Luego supe que el sobrenombre le fue dado por sus amigos en Miami al comienzo de su lucha contra la enfermedad. Ese "apodo" le va bien a él, porque él es un "Super Charlie" para su familia, amigos, los miembros de la institución y para mí. Carlos es una gran inspiración y un gran amigo.

MAX HINKLE
ESTADOS UNIDOS DE AMÉRICA

La primera vez que conocí a Carlos Patiño fue hace ocho años atrás en un restaurante que recién empezaba. Carlos lucía como un modelo salido de una revista de modas, actuaba como si hubiera ganado la lotería. Yo no tenía la menor idea de que él estaba luchando contra el cáncer desde hace años y todavía sigue bajo tratamientos para su curación. Yo pensé que él era el dueño del restaurante por su manera como saludaba a los clientes y se aseguraba de que todo iba bien. Después descubrí que él estaba colaborando desinteresadamente con su amigo en el desarrollo del negocio.

Carlos siempre está de buen humor y nunca permite que su enfermedad interfiera en su habilidad de ser un hombre feliz y disfrutar de la compañía de todos sus amigos. Carlos viene luchando contra el cáncer por casi quince años. Mi familia y yo nos convertimos en amigos cercanos. Nunca hemos conocido a alguien con esa positiva actitud como él. Yo estoy muy orgulloso de llamarlo mi amigo.

¡Carlos, mi amigo por siempre!

MELANIE HUFFMAN
ESTADOS UNIDOS DE AMÉRICA

Cuando pienso en ti, pienso en alguien que es una inspiración para todos. Realmente eres una persona increíble. Siempre tienes una sonrisa en tu cara y nunca pierdes la oportunidad de saludar a quien pasa por tu oficina. No importa lo mal que te sientas (y sé que muchas veces te sientes muy mal). Siempre estás sonriendo, siempre eres amigable y feliz.

Recuerdo que cuando estaba pasando por la enfermedad de mi padre, tú venías a mi oficina a preguntar cómo estaba él. Te preocupabas por mí y mi familia a pesar de lo que estaba pasando en tu vida. Creo, sinceramente, que eres uno de los hombres más fuertes que he conocido jamás. Tú mantienes esa sonrisa en tu cara y tu cabeza muy en alto, es la razón por la cual todos sabemos que vas a vencer el cáncer. Eres una persona muy especial y un gran amigo. Gracias por permitirme ser parte de tu vida. Tu "hermana" estadounidense, Melanie.

MIGUEL R. ESTELLA
PERÚ

Hola mi querido hermano Carlitos, muchas felicidades por tu libro y todos tus logros. Tú como persona eres muy especial, humanitario, solidario, sincero y mucho más. Yo lo digo y mucha gente que te conoce también.

Nos conocemos desde hace muchos años, y en este tiempo hemos disfrutado de una cordial amistad y de muchas noches de guitarra criolla peruana.

Carlitos, desde la distancia (Lima) un abrazo muy fuerte para ti y tu familia y que Dios te bendiga. De todo corazón, Miguel.

NELLY MUÑOZ DE GIRALDO
COLOMBIA

Hola Carlos, usted es un ejemplo a seguir no sólo por sus logros obtenidos en su importante trabajo como Director de Servicios Latinos en Members Credit Union, sino también por la entereza y tenacidad con la que lucha y no se deja amilanar por esa enfermedad. Usted es digno de mi admiración y la admiración de todos los que lo conocemos. Un ejemplo a seguir. Siga con ese positivismo y ganas de vivir porque ese es uno de los factores que lo ayudan a sobreponerse y salir adelante ante esta dificultad.

Dios lo bendiga para que siga venciendo obstáculos y cosechando triunfos.

NOLO MARTÍNEZ
PUERTO RICO

Son muy pocas veces que he conocido a una persona como Carlos Patiño Effio. Sin Carlos saberlo, él ha sido una gran inspiración para mí y mi familia.

Carlos no sólo demuestra lo bueno de ser hispano sino ser un mejor ser humano. No he conocido una persona que tenga más ganas de vivir y de triunfar como Carlos. Su coraje y energía son contagiosos.

Soy una persona afortunada porque él me considera su amigo y colega. Su historia de vida y lo que le falta por vivir, nos motiva a muchos.

PAUL SLUDER
ESTADOS UNIDOS DE AMÉRICA

Carlos es quizás la más gentil, humilde y apreciada persona que yo he conocido. Él siempre le da prioridad a otras cosas primero que él y tiene el poder de usar una cara feliz con una perpetua sonrisa, sin importar las circunstancias por las que ha atravesado o atraviesa, incluyendo una seria y extenuante larga enfermedad. Es un gran honor llamarlo mi amigo.

PIERINA LEVY
PERÚ

Carlos es un buen compañero, buena persona, íntegro, excelente amigo, dueño de una gran calidad humana y muy luchador. Ese es mi Carlos querido.

PRESTON JAMES
ESTADOS UNIDOS DE AMÉRICA

Una vez me pidieron dar un paseo con un cliente de la BMW. Mientras observaba las condiciones de esta persona de lo más normal, noté que era el más atípico de los personajes. Un pequeño hombre hispano de mediana edad que encierra una personalidad de una gran estatura. Había dentro de él un resplandor positivo, inexplicable, que proviene de algún lugar donde yo nunca he estado. El día continuó y yo me convertí en la persona más humilde. Más de un año ha pasado, el reloj sigue en su tic tac, la vida continúa y las páginas se siguen escribiendo, pero ¿cuáles son todas esas cosas que se recuerdan? Son los fragmentos de tiempos pasados con aquellas personas sumamente especiales con las que nos encontramos.

¡Conocer a Carlos abre un capítulo en la vida de todos nosotros, en nosotros que somos tan afortunados en llamarlo amigo!

RAFAEL CHEPOTE MALATESTA
PERÚ

Dedicatoria a mi gran amigo Carlitos.

Conocí a mi querido amigo y hermano en un colegio en Barranco, Lima. Él es un tipazo en todo el sentido de la palabra; humilde, sencillo, muy cariñoso con sus amigos y un excelente trabajador. Con su gran esfuerzo fue ganando posiciones en el banco donde trabajaba hasta llegar a ser un ejecutivo. Fue muy querido por sus compañeros.

Carlos perdió a su hijita y se quedó frustrado y destruido; sin embargo, nunca se dio por vencido. Trabajaba como taxista para mantener a sus hijos y así poder sobrevivir. Se fue a los Estados Unidos de América sin nada. Empezó lavando platos en un restaurante del cual luego fue el gerente de la oficina. Se le presentó el cáncer contra el cual sigue aún luchando.

Carlos tiene un gran carisma y sabe cómo llegar a las personas. Luego de tanto esfuerzo y por sus propios méritos llegó a ser Director de Servicios Latinos de una institución financiera en Carolina del Norte de la cual ahora es Vicepresidente. Con su enfermedad a cuestas y luego de sus fuertes tratamientos va a trabajar el mismo día que sale del hospital.

Carlitos, tú tienes un mérito muy grande y Dios te ilumina. Tú eres un gran hombre y es por eso que te estimo y te quiero. Tu amigo de siempre, Rafo.

RAÚL BARRETO
PERÚ

Carlitos, mi hermano lindo, qué gusto saber que estás terminando tu libro y espero no sea el último. Le pido a Dios, nuestro Señor, que te mantenga muchos años más con vida y sanidad ya que has luchado tantos años contra ese despiadado "cangrejo". Seguiremos orando por ti.

Hermano Carlos, te juro que es un honor y privilegio tener un amigo como tú y no sé qué calificativo usar para un hombre como tú que nunca se rindió ante nada…

"¡Eres grande, Carlitos!"

REBECA QUIROZ
MÉXICO

Una de las cualidades que me impactó de usted es su gran espíritu, deseo de superación, de vivir y luchar ante la adversidad. Lo admiro mucho y le pido a Dios que le siga dando fuerzas para seguir en este camino. Gracias por ser simplemente usted, Carlos Patiño.

REYNALDO HERNÁNDEZ SOTO
CUBA

Carlos, siempre he pensado que las naciones se salvan o se pierden en el corazón de sus hombres. ¡Qué buena suerte tienen el Perú y los Estados Unidos de América de seguir salvándose en el tuyo! Espero que tu libro sea recibido por los lectores, más que como el desgarrador testimonio de quien tiene que luchar día a día contra la muerte, que como el canto de amor de quien apuesta cada segundo por su vida. Con el cálido abrazo de siempre, Reynaldo.

RICARDO ALCALDE
PERÚ

Hermano Carlos, no hay satisfacción más grande de una persona al saber que la gente que queremos y amamos se encuentra cada día llena de fe y persistencia, luchando contra la adversidad. Continúa es ese bello camino de éxito y maravillosos frutos espirituales.

Los males serán vencidos a su tiempo por el Creador. El luchar positivamente por vivir es vida que lleva a más vida.

Muchas felicidades por tu libro. Yo también escribí uno que es un compendio metafísico: "El placer de entender lo espiritual". Hasta siempre, Carlos.

ROCÍO SEDO-ÁLVAREZ
PERÚ

Estimado Carlos, me alegró mucho verte y la verdad se te ve muy bien. Te puedo decir que para mí es un gran placer conocerte y a la vez admirarte al saber que tenemos un compatriota que ha puesto el nombre de nuestro país muy en alto, y asimismo por no "tirar la toalla" y ganarle la batalla a este mal que tantas vidas se ha llevado.

Mi querido Carlos, sigue luchando que eres un "gran ejemplo" para todos nosotros. Con mucho cariño, Rocío.

ROSE M. BALL
ESTADOS UNIDOS DE AMÉRICA

Yo conozco a Carlos por cuatro años, nunca he conocido a alguien como él. Él es el más encantador hombre al que he conocido, viste clásicamente y su apariencia es brillante. Es un verdadero caballero, muy respetuoso y amable con todos. Carlos habla con los pacientes y el grupo de enfermeras cada vez que viene al hospital por sus tratamientos. Algunos días él no se siente bien, pero siempre tiene una actitud positiva y optimista. Dios brilla a través de sus ojos. Él viene peleando contra el cáncer por mucho tiempo y todas nosotras deseamos que continúe bien.

ROSSMERY ALVARADO
ESPAÑA / PERÚ

Querido primo, desde que tengo uso de razón hemos compartido reuniones en la que éramos tan felices. A pesar de nuestra corta edad nos encantaba pasarla juntos con nuestros demás familiares. Yo siempre escuché a la abuela decir lo guapo, inteligente y bueno que eras. Claro, la forma como la tratabas era realmente única. Tenía mucha razón al decir que eras su preferido. Cuando cambiabas de carro, ella era la primera en probarlo. Recuerdo lo feliz que la hacía ese detalle. También recuerdo cuando mi mamá te comentó que mi hermano estaba desempleado y tú lo ayudaste a conseguir trabajo en una empresa bancaria en Lima.

Eres una persona desprendida, preocupada por los demás, excelente amigo, buen hijo y padre ejemplar. Hemos sido testigos de tu fuerte lucha y de tu decisión de ir a los Estados Unidos de América a tus 45 años de edad, y sin saber inglés, en busca de un futuro mejor para ti y tu familia. ¡Eso es algo para quitarse el sombrero!

Siempre mantienes una actitud muy positiva, eres alegre, emprendedor y muy elegante en tu vestir, lo cual no ha cambiado en ti. Ahora, a la distancia, seguimos viendo lo luchador que sigues siendo y el éxito que has alcanzado. Tenerte como mi primo es un verdadero regalo para mí y estoy segura de que cada amigo que tienes diría lo mismo sobre tu persona. Quiero lo mejor para ti ahora y siempre.

SABRINA HUDSON
ESTADOS UNIDOS DE AMÉRICA
Tú eres una inspiración para todos los que te conocen. Tú siempre tienes una sonrisa en tu rostro y eres muy alegre, agradable, bueno,

amable y simpático para todos. Me traes alegría cada vez que te veo pasar cuando vienes a tus tratamientos médicos.

Carlos, tú eres un verdadero aliento de aire fresco y un gran ejemplo a seguir.

TEODOMIRO SIBAJA
MÉXICO

Carlos es un amigo amable, educado y sonriente. Nos conocimos hace siete años en Members Credit Union de Winston-Salem, Carolina del Norte. Él ya era Director de Servicios Latinos y siempre me orientó hacia mis mejores decisiones financieras.

Carlos es un incondicional amigo y yo en lo personal lo admiro enormemente. Como es sabido por muchos, Carlos viene sufriendo una enfermedad por casi quince años que a muchos de nosotros sólo con oírla nos aterra: cáncer.

Carlos, con su inmensa fe en Dios y su fortaleza sigue en su lucha. No obstante sus dolencias y padecimientos, él sigue trabajando arduamente por la comunidad.

Adelante "hermano", yo también le pido a Dios que haga el milagro y te sane, que te dé mucha salud en recompensa por lo que has sufrido y puedas alcanzar tus metas.

THULIO CORROCHANO PAZOS
PERÚ

Tu entereza y tus ganas de luchar es lo que te ha permitido seguir adelante en esta dura batalla. Sigue pa' delante mi querido Carlos. Es el deseo de tu amigo. Un caluroso abrazo, Thulio.

TOTO RIVA
PERÚ

Mi comentario es estrictamente fraterno y amigable. Abarca un espacio en nuestras vidas más amplio que estos últimos quince años de tu denodada lucha contra ese flagelo de la humanidad que se ha posado en ti.

No quiero ponderar al enfermo que pronto será convaleciente y finalmente sano, Dios mediante, sino el de un tiempo atrás cuando compartimos trabajo, vicisitudes de la vida y amistad, sentimiento que compartí contigo.

Carlos, eres dueño de un carisma y simpatía a raudales, muestras de ello son tu grata sonrisa espontánea, trato cariñoso y gran cordialidad.

En el Banco Central Hipotecario del Perú siempre tuviste la palabra oportuna, la decisión correcta y la solución a los problemas.

Sigue en esa dura lucha de la cual saldrás vencedor. Dios te bendiga y proteja.

VICTORIA N. SCOTT
ESTADOS UNIDOS DE AMÉRICA

La primera vez que conocí a Carlos fue en un restaurante local en la ciudad de Winston-Salem. Aunque yo vengo de ser tratada como una dama por los hombres de la región del sur, no estaba preparada para el trato especial de Carlos, como si él hubiera salido de la máquina del tiempo, donde en esa época los hombres se inclinaban y besaban la mano de una dama. Al comienzo pensé que estaba siendo distinguida como algo especial, por su encantadora manera de ser, pero luego me di cuenta que Carlos hace que cada mujer en su presencia se sienta como una bella dama.

Carlos, definitivamente tú eres un "tesoro"…, eres mi gran admiración.

VILMA EFFIO REYES VDA. DE PATIÑO
MAMÁ DE CARLOS
PERÚ

Me querido Carlos, como tu madre me siento muy orgullosa de tener un hijo como tú, con un espíritu indomable, luchando con mucho valor, firmeza, abnegación y decididamente contra las adversidades que han surgido en tu vida.

Mis felicitaciones por el hermoso libro que has escrito, donde narras tus sufrimientos y nos dejas sabias enseñanzas y un gran ejemplo a seguir frente a las dificultades de la vida.

Recuerdo que desde niño siempre fuiste muy amable, cariñoso y preocupado por toda la familia, así como con tantas personas que han necesitado tu ayuda, y tú siempre lo hacías lleno de afecto, entrega y calor humano.

Tus hermanos, la "Nana" y yo, así como todos tus amigos, estamos permanentemente pidiéndole a Dios, nuestro padre celestial, para que pronto recuperes tu salud y así puedas disfrutar lo bueno y bello que la vida tiene reservado para ti, porque te lo mereces. Siempre has sido un orgullo para la familia.

Con mucho amor, tu mamá.

WILL RICHARDS
ESTADOS UNIDOS DE AMÉRICA

Mi experiencia con Carlos siempre ha sido muy placentera. Nadie es más cordial que Carlos. A él le gusta ayudar a la gente y ha demostrado su capacidad de hacerlo a través del círculo de personas que lo rodean. Carlos trabaja muy duro y se preocupa por los demás de la manera más profunda. Admiro a Carlos por su afán de ayudar a la comunidad latina y por su disposición para toda la gente de otras nacionalidades y culturas.

¡Carlos, eres una gran persona!

WILMER DÍAZ
HONDURAS

En la vida hay personas que dejan huella en el corazón de los demás. Carlos Patiño es una de ellas. Desde el primer momento que traté con él me impresionó sobremanera su forma de ser, su profesionalismo y cortesía. Eso fue a través de una llamada que hice desde Nueva York a Members Credit Union, cuando necesité una ayuda financiera. Desde aquella vez, nuestra amistad fue creciendo a través de los años.

Dicen que los malos tiempos siempre hay que enfrentarlos con buena cara. Yo creo que eso aprendí tratando a Carlos. En cada llamada él siempre ha respondido con amabilidad, energía y mucha alegría. No tengo el gran placer de conocerlo en persona pero siento como que ya lo conozco.

Carlos, gracias por tu ayuda y amistad. ¡Dios te bendiga!

EPÍLOGO

Llegó el 31 de diciembre del año 2011, y sin estar acostumbrado a beber, a la medianoche recibí el nuevo año con un vaso de whisky escocés en la mano, y con él mi esperanza de recuperar mi salud y normalizar mi vida. Le di la bienvenida al año 2012 pidiéndole a Dios, con devoción, sentimiento y una desbordante emoción, que me ayude a terminar con este gran problema. Empezaba un nuevo año y con él mi más ferviente anhelo de que finalmente pudiera llegar a ser una persona sana, llena de mucho amor para dar, recibir y compartir.

En el mes de febrero llegué a Lima después de quince años de ausencia, disfrutando de dos semanas de vacaciones, donde pude volver a ver a mi mamá, a mi Nana, a mis familiares más cercanos y muchos amigos. Era la época de verano, donde Lima y sus playas del sur están llenas de una belleza natural esplendorosa. Aproveché un breve lapso de tiempo entre mis tratamientos para poder ausentarme. Me sentía muy feliz porque días antes de emprender mi viaje recibí los satisfactorios resultados de los exámenes médicos, que indicaban que los tres tumores localizados en el área del estómago estaban muy debilitados. Aún recuerdo cuando le pregunté a mi doctor si ya estaba cerca de ser declarado en remisión.

Al regresar de mis vacaciones continué con lo que parecía ser el final de esta funesta historia. Luego de varias sesiones, acudí al hospital para el resultado de los nuevos exámenes. Creo que cualquier persona, viviendo una situación como la mía, al saber que la enfermedad ya casi llegaba a su final, estaría llena de fe y esperanza e imbuida de la seguridad de que todo sería como un nuevo amanecer en su vida. Para mi sorpresa, los tres tumores estaban de regreso y para colmo tenía dos más. Tuve que empezar una nueva lucha contra cinco tumores.

Después de tanto pensar y en mi afán de "ayudar", llamé a mi doctor y le dejé un mensaje manifestándole que quizás durante mis vacaciones me había expuesto demasiado al sol en mi afán de lucir bien, lo cual de alguna manera podría haber provocado el regreso de los tumores. El doctor me respondió que no había relación con lo que yo hacía o lo que había hecho, sino que todo en realidad era consecuencia del comportamiento de mi difícil enfermedad. Con ese inicié el tratamiento decimotercero, el cual concluyó en junio. El 30 de julio se sabría el nuevo estado de mi salud. Lamentablemente, después de tres días de terminado ese tratamiento, un intenso dolor en el vientre me llevó al hospital. La masa cancerígena había crecido empujando los intestinos. Tuve que ser internado debido a la situación de emergencia en la que había caído. Fui sometido a dos sesiones terriblemente fuertes, después de las cuales se analizarían los resultados de este nuevo intento. Una vez más las malas noticias…: No obstante las fuertes sesiones, de los cinco tumores cuatro se habían unido en un solo gran tumor y el quinto se convirtió en el segundo más pequeño, por consiguiente aún seguía en situación crítica.

A principios del mes de agosto inicié un nuevo tratamiento, el decimocuarto en la lista de intentos esperanzadores, en la confianza que pudiera ayudarme. El día de la segunda sesión mi doctor me informó de un nuevo estudio para dar tratamiento experimental a pacientes con malignidades hematológicas avanzadas, el cual ha dado resultados alentadores en algunos de ellos. Tomé la decisión de participar en ese estudio, el que inicié a fines de agosto, el cual lamentablemente no surtió efecto.

El decimoquinto tratamiento concluyó en septiembre sin los resultados esperados. A pesar de ello sigo con ansias de poder concluir con este tormento de mi vida.

Como siempre, yo sigo lleno de entusiasmo y fe, "vitalidad y energía", y tratando de seguir mi vida de la forma más normal posible, trabajando y lleno de ideas para el futuro.

Este libro lo he escrito con un gran esfuerzo y con mucho amor, muchas veces sufriendo los estragos de los terribles tratamientos. No podía permitirme el hecho de interrumpir su escritura porque sentía una inmensa responsabilidad hacia los demás y el más profundo anhelo de que mucha gente se beneficie con su lectura. Ha sido un año y medio de entrega total, constancia y dedicación. Finalmente, y de la manera más humilde, espero que "PASIÓN POR LA VIDA… Un mensaje a la voluntad" impacte y redunde positivamente en tu vida, te ayude a superar tus problemas de toda índole y te libere de tus limitaciones. Esos son mis sinceros deseos para ti, tu familia, tus amigos y todos quienes deseen leerlo.

Tu amigo, Carlos